국어뿐만 아니라 다른 과목을 공부하는 데 있어 가장 기초가 되는 것은 글을 읽고 내용을 파악하는 힘입니다. 학교에서 배우는 모든 과목은 알다시피 우리말의 낱말과 문장으로 이루어져 있습니다. 따라서 글을 읽고 내용을 이해하는 데 어려움이 없다면 아무리 배경 지식이 없는 낯선 내용이라도 충분히 글의 내용을 자신의 것으로 정리해 낼 수 있습니다.

글을 읽고 내용을 파악하는 데 핵심이 되는 능력은 어휘력과 독해력입니다. 그리고 어휘력과 독해력을 키우는 데 가장 좋은 것은 무엇보다도 꾸준한 독서 습관입니다. 평소에 책 읽기를 좋아하고 여러 분야의 책을 많이 읽은 아이라면 어휘력과 독해력이 다른 아이에 비해 부족함이 없을 것입니다.

하지만 절대적인 독서량이 부족하고 책을 읽더라도 정독하지 못하고 글의 내용이나 주제를 파악하는 데 서툰 아이라면 독서 방법이나 습관을 개선하기 위한 별도의 교육이 필요합니다. 가장 효과적인 교육 방법은 부모님이 아이에게 책을 읽어 주는 것입니다. 책 읽어 주기는 아이 스스로 책에 대한 거부감을 없애고 책을 좋아하게 만들기 위해 부모가 해야 할 기본적인 역할입니다.

책 읽어 주기와 더불어 짧은 글을 읽고 글의 내용을 파악하는 훈련을 지속적으로 해 주세요. 이것은 정독 습관을 길러주기 위한 것으로, 주어진 문제를 해결하기 위해서는 짧은 글이라도 꼼꼼하게 읽어야 한다는 것을 아이가 깨닫도록 하기 위함입니다. 예비초등 공습국어를 활용하면 이 훈련을 효과적으로 진행하는데 많은 도움이 될 것입니다.

이렇게 책을 좋아하고 정독하는 습관을 갖게 된다면 아이의 어휘력과 독해력은 점점 탄탄해질 것입니다. 특히 초등 입학 전부터 어휘력과 독해력을 착실하게 다져 놓는다면 학교 공부를 따라가는 데 큰 부담을 덜 수 있을 뿐 아니라 실력면에서도 한 발 더 앞서나가는 아이가 될 것입니다.

예비초등 공습국어의 특징

하나 흥미롭고 유익한 글감이 가득!

우리 주변의 소소한 일상에서부터 알쏭달쏭 신기한 자연 현상에 이르기까지 아이들이 알아 두면 좋을 여러 가지 이야기를 아기자기한 그림과 함께 수록하였습니다. 또한 같은 주제에 해당하는 글들을 동화, 동요, 일기, 편지, 설명문 등 다양한 형식으로 구성하여 갈래별로 글의 특징을 맛볼 수 있도록 했습니다.

둘 미리 체험해보는 초등 1, 2학년!

각 마당별 글감들은 초등 1~2학년 교과인 바른 생활, 슬기로운 생활, 즐거운 생활 영역의 활동 주제들로 구성하였습니다. 이를 통해 취학 전에 1~2학년 교과 주제와 관련된 내용을 미리 체험할 수 있습니다.

셋 어휘와 독해 훈련을 한번에!

초등용 공습국어가 어휘와 독해로 나누어져 있다면 예비초등 공습국어는 어휘와 독해를 한 교재 안에서 공부할 수 있도록 구성했습니다. 이를 통해 어휘와 독해 어느 한쪽에 치우치지 않고 고르게 학습할 수 있습니다.

넷 학습 지도를 위한 문제 풀이 및 해설!

교재에 들어 있는 별도의 정답지를 통해 문제에 대한 해설과 문제 풀이를 위한 학습 지도 요령을 확인할 수 있습니다. 집에서 아이와 교재 학습을 진행할 때 참고하면 많은 도움이 될 것입니다.

하나 아이와 함께 하는 것이 무엇보다 중요합니다.

취학 전 아동의 경우 글을 읽거나 문제 풀이 활동이 익숙하지 않으므로, 혼자서 교재를 보고 공부하는 것이 쉽지 않습니다. 특히 본 교재는 글 읽기가 중요합니다. 독서 경험이 풍부한 아이라면 큰 어려움이 없겠지만 대부분 아이들은 글 읽기가 아직은 서툴고 어렵습니다. 따라서 부모님께서 교재에 나와 있는 지문이나 문제를 아이에게 직접 읽어 주시는 것이 좋습니다. 그런 다음 아이도 소리 내어 글을 읽을 수 있도록 지도해 주시기 바랍니다. 문제를 풀 때도 정답에 제시된 문제 풀이 방법과 지도 방법을 참조하여 아이와 서로 이야기하는 것이 학습 효과를 높이는 데 많은 도움이 됩니다.

둘 꾸준함이 좋은 공부 습관을 만듭니다.

어휘력과 독해력은 글을 읽을 때 정확하고 꼼꼼하게 읽는 정독 습관을 통해 형성됩니다. 이 말은 바꿔 이야기하면 정독 습관이 제대로 형성되지 않으면 어휘력과 독해력을 향상시키기가 쉽지 않다는 것입니다. 습관을 들이기 위해서는 꾸준하고 지속적인 훈련이 필요합니다. 따라서 본 교재를 볼 때 매일 1차시 정도의 분량을 꾸준히 학습할 수 있게 지도해 주시기 바랍니다.

셋 천천히 여유를 가지고 지켜봐 주세요.

아이와 문제를 풀다보면 방금 읽은 내용인데도 잊어버리고 헤매는 경우를 많이 경험해 보았을 것입니다. 그런 경우 답답하다고 아이를 다그치거나 좋지 못한 소리를 하면 아이들은 위축되고 스트레스를 받아 오히려 학습 의욕이 떨어지게 됩니다. 읽은 글의 내용이 잘 생각나지 않으면 다시 천천히 꼼꼼하게 읽어 보게 하세요. 그리고 시간에 쫓기 듯 문제를 풀게 하지 마시고 아이에게 충분히 생각할 시간을 주고 스스로 문제를 해결할 수 있도록 여유를 가지고 지켜봐 주세요.

넷 책 읽기가 어휘력과 독해력의 기본임을 잊지 마세요.

공습국어를 통해서 다양한 주제를 가진 여러 갈래의 글들을 접할 수 있고, 문제 풀이를 통해 어휘력과 독해력을 키울 수 있지만, 어휘력과 독해력의 기본은 다양하고 풍부한 독서 체험입니다. 교재 학습은 보조적 수단입니다. 궁극적으로는 아이가 책을 좋아하도록 만들어야 합니다. 아이가 흥미를 가질 만한 내용이 담긴 책을 부모님께서 꾸준히 읽어주고 책의 내용에 대해 자유롭게 대화를 나눠 보세요. 아이와 책이 가까워지는 데 많은 도움이 될 것입니다.

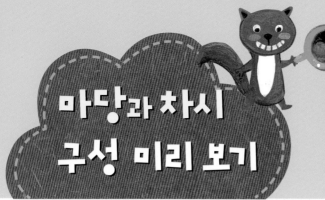

마당과 차시 구성 미리 보기

예비초등 공습국어는 한 마당이 다섯 개의 차시로 구성되어 있어 하루에 한 차시씩 학습할 때 1주일 정도가 소요됩니다. 따라서 매일 한 차시씩 꾸준히 진도를 나갈 경우 3주면 1권을 마무리할 수 있습니다.

부모님께

이번 마당에 나오는 글들이 초등 1~2학년 과목에서 어떤 주제에 해당하는지 소개하고 학습 지도 방법을 설명합니다.

마당 길잡이

이번 마당의 교과 영역과 각 차시별 글의 갈래와 내용, 그리고 글을 읽는 방법을 보여 줍니다. 처음 마당을 시작할 때 이곳을 통해 마당의 전체적인 내용을 확인하세요.

글을 읽어요

각 차시별로 문제를 풀기 위해 읽어야 할 글입니다. 부모님께서 먼저 읽어주시고, 그 다음 아이가 소리 내어 읽게 해 주세요. 그리고 읽을 때는 글의 내용을 생각하며 천천히 꼼꼼하게 읽어야 합니다.

낱말 쏙쏙

글에 나온 낱말 중 아이들이 조금 어려워할 만한 낱말이나 소리나 모양 등을 흉내 내는 낱말의 뜻을 풀어서 설명합니다.

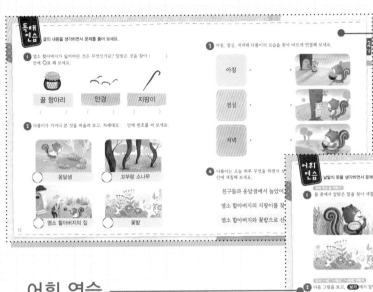

독해 연습

독해 문제를 풀어봅니다. 세부 내용과 전체 내용에 대해 얼마나 잘 파악하고 있는지, 그리고 글의 주제에 대해 잘 이해하고 있는지 등을 물어봅니다.

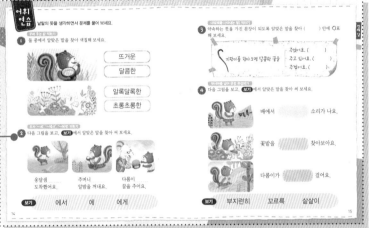

어휘 연습

어휘 문제를 풀어봅니다. 낱말의 사전적 의미, 낱말과 낱말 사이의 관계, 문장 안에서 낱말의 쓰임 등과 같은 다양한 어휘 문제를 접할 수 있습니다.

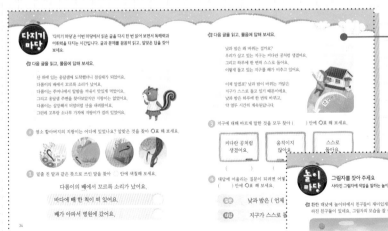

다지기 마당

이번 마당에서 읽은 글을 다시 한 번 읽어 보면서 독해력과 어휘력을 다지는 코너입니다. 글과 문제를 꼼꼼히 읽고, 알맞은 답을 찾아보세요.

놀이 마당과 정보 마당

놀이 마당과 정보 마당에서는 마당의 주제와 관련된 놀이 활동과 유용한 정보를 다루고 있습니다.

권별 구성과 교과 연계 보기

예비초등 공습국어의 각 마당은 초등 1~2학년 교과인 바른 생활, 슬기로운 생활, 즐거운 생활의 주제와 서로 연관이 되어 있습니다. 초등 교과목과의 연계를 통해 아이들은 미리 학교에서 배우게 될 내용들을 간접적으로 체험할 수 있습니다.

권	마당	제목	과목	주제
1권	첫째 마당	신 나는 동요	즐거운 생활	동요를 부르는 즐거움
	둘째 마당	화목한 가족	슬기로운 생활	가족 구성원과 가족의 소중함
	셋째 마당	올바른 생활 습관	바른 생활	생활 습관의 중요성
2권	첫째 마당	알록달록 색깔	즐거운 생활	색깔의 종류와 다양한 느낌
	둘째 마당	소중한 친구	바른 생활	바람직한 친구 관계
	셋째 마당	정다운 우리 마을	슬기로운 생활	우리 마을과 함께 사는 이웃
3권	첫째 마당	즐거운 운동과 놀이	즐거운 생활	여러 가지 놀이와 운동
	둘째 마당	다 함께 지켜요	바른 생활	공공장소에서의 바른 행동
	셋째 마당	신기한 우리 몸	슬기로운 생활	우리 몸에서 일어나는 현상
4권	첫째 마당	정다운 인사	바른 생활	상황에 알맞은 인사법
	둘째 마당	흥겨운 악기	즐거운 생활	음악의 여러 요소와 악기
	셋째 마당	와글와글 시장	슬기로운 생활	가게와 물건의 필요성
5권	첫째 마당	재미있는 연극과 흥겨운 춤	즐거운 생활	다양한 놀이와 느낌의 표현
	둘째 마당	자랑스러운 우리나라	바른 생활	우리나라를 상징하는 것
	셋째 마당	계절과 생활	슬기로운 생활	사계절 속 사람과 동식물의 생활
6권	첫째 마당	낮과 밤	슬기로운 생활	낮과 밤의 변화와 하루 일과
	둘째 마당	흥겨운 민속놀이	즐거운 생활	민속놀이의 즐거움과 조상의 삶
	셋째 마당	아름다운 환경	바른 생활	환경의 중요성과 실천 방법
7권	첫째 마당	왁자지껄 소리	즐거운 생활	소리의 구별과 표현
	둘째 마당	동식물은 내 친구	슬기로운 생활	동식물 기르기와 생명 존중의 마음
	셋째 마당	재미있는 숫자	수학	숫자와 수의 순서

차례

첫째 마당

낮과 밤

첫째 날 다롬이의 하루 · · · · · · 10
둘째 날 낮과 밤은 왜 바뀔까? · · · · 16
셋째 날 깨어 있는 밤 · · · · · · 22
넷째 날 낮과 밤은 어떻게 생겼을까? · 28
다섯째 날 다지기 마당 · · · · · · 34
        놀이 마당 · · · · · · · 38
        정보 마당 · · · · · · · 39

둘째 마당

흥겨운 민속놀이

첫째 날 왕 딱지 · · · · · · · · · 42
둘째 날 명절에 하는 민속놀이 · · · · 48
셋째 날 윷놀이 · · · · · · · · · 54
넷째 날 연아, 높이높이 날아라 · · · 60
다섯째 날 다지기 마당 · · · · · · 66
        놀이 마당 · · · · · · · 70
        정보 마당 · · · · · · · 71

셋째 마당

아름다운 환경

첫째 날 초록 별 지구 · · · · · · · 74
둘째 날 음식을 남기지 말자 · · · · 80
셋째 날 북극곰이 보낸 편지 · · · · 86
넷째 날 나누어 버려요 · · · · · · 92
다섯째 날 다지기 마당 · · · · · · 98
        놀이 마당 · · · · · · · 102
        정보 마당 · · · · · · · 103

낮과 밤

"첫째 마당에서는 낮과 밤에 대한 여러 가지 글을 읽어 볼 거예요.
지팡이를 찾으며 하루를 보내는 꼬마 다람쥐를 만나고, 한밤중에 일하는 사람들을 보게 되는 아영이 이야기도 함께 읽어요. 또, 낮과 밤이 바뀌는 과학적인 까닭에 대해서도 알아보아요.
주어진 글을 모두 읽고 나면 우리가 날마다 맞이하는 낮과 밤에 대해 좀 더 잘 알게 될 거예요."

부모님께

첫째 마당에서 다루고 있는 '낮과 밤'은 초등 1학년 슬기로운 생활 영역의 대주제 중 하나인 '하루 동안에 하는 일 알아보기'와 2학년 2학기 슬기로운 생활 1단원 '낮과 밤이 달라요'와 연관되어 있습니다. 이 주제를 통해 하루를 이루는 낮과 밤의 차이점을 알고, 사람과 동식물이 낮과 밤에 어떻게 생활하는지도 알아봅니다. 교재 학습과 더불어 아이들이 어떻게 하루를 보내는지 돌아보게 해 주세요.

마당길잡이

교과영역	바른 생활	✔ 슬기로운 생활	즐거운 생활

순서	글감 제목	글감 내용	이렇게 읽어요
첫째 날	다롬이의 하루 (이야기)	다롬이가 하루를 보내는 모습을 살펴보면서 낮과 밤으로 이루어진 하루의 흐름을 알아보아요.	언제 어떤 일이 일어났는지 잘 살펴보며 읽어요.
둘째 날	낮과 밤은 왜 바뀔까? (설명하는 글)	낮과 밤의 특징과 낮과 밤이 바뀌는 까닭에 대해 알아보아요.	중요한 내용을 정리하며 읽어요.
셋째 날	깨어 있는 밤 (생활문)	한밤중에 아영이가 겪은 일을 통해 밤에 일하는 사람들에 대해 알아보아요.	글쓴이가 본 것과 느낀 점을 살펴보며 읽어요.
넷째 날	낮과 밤은 어떻게 생겼을까? (독서 감상문)	글쓴이가 읽은 책의 내용을 통해 옛사람들은 낮과 밤에 대해 어떻게 생각했는지 알아보아요.	책의 내용과 글쓴이의 생각을 구별하며 읽어요.

다섯째 날	다지기 마당	앞에서 공부한 내용을 다시 한 번 확인해 보아요.
	놀이 마당	해의 방향과 모습에 알맞은 그림자를 찾는 놀이를 해 보아요.
	정보 마당	밤에 활동하는 동물에 대해 알아보아요.

다롬이의 하루

숲 속 마을에 아침 해가 떠올랐어요.
밖으로 나간 다롬이는 나무에 붙어 있는 종이를 보았어요.
'지팡이를 잃어버렸어요.
찾아오면 달콤한 꿀을 주겠어요.–염소 할아버지'
다롬이는 염소 할아버지의 지팡이를 찾기로 마음먹었어요.
가장 먼저 다롬이는 숲 속 꽃밭에 가 보았어요.
알록달록한 꽃들 사이를 **샅샅이** 찾아보았지만
염소 할아버지의 지팡이는 보이지 않았어요.
"염소 할아버지는 옹달샘에 자주 가시니까 거기에 있을지도 몰라."
다롬이는 옹달샘까지 부지런히 걸어갔어요.

낱말쏙쏙

🌸**샅샅이**
이곳저곳 모두 꼼꼼하게
찾는 것을 나타내는 말이에요.

산 위에 있는 옹달샘에 도착했더니 점심때가 되었어요.

다롬이의 배에서 꼬르륵 소리가 났어요.

다롬이는 주머니에서 알밤을 꺼내서 맛있게 먹었어요.

그리고 옹달샘 주변을 찾아보았지만 지팡이는 없었어요.

다롬이는 실망해서 터덜터덜 산을 내려왔어요.

그런데 꼬부랑 소나무 가지에 지팡이가 걸려 있었어요.

다롬이는 지팡이를 가지고 염소 할아버지 집으로 달려갔어요.

"아이고, 고맙구나. 약속대로 꿀을 주마."

다롬이는 꿀 항아리를 들고 집으로 갔어요.

집 앞에서 엄마가 다롬이를 기다리고 있었어요.

"하루 종일 어디 갔다 이제 오니? 어서 들어가서 저녁밥 먹자."

숲 속 마을의 해가 **저물었어요**.

> 🌸 저물었어요   낱말쏙쏙
> (저물다)
> 해가 져서 어두워진다는
> 뜻이에요.

11

글의 내용을 생각하면서 문제를 풀어 보세요.

1 염소 할아버지가 잃어버린 것은 무엇인가요? 알맞은 것을 찾아 (   ) 안에 ◯표 해 보세요.

꿀 항아리	안경	지팡이
( )	( )	( )

2 다롬이가 가거나 본 것을 떠올려 보고, 차례대로 ◯ 안에 번호를 써 보세요.

◯ 옹달샘

◯ 꼬부랑 소나무

◯ 염소 할아버지의 집

◯ 꽃밭

3 아침, 점심, 저녁때 다롬이의 모습을 찾아 바르게 연결해 보세요.

아침 •

점심 •

저녁 •

4 다롬이는 오늘 하루 무엇을 하면서 보냈나요? 바르게 말한 것을 찾아 ◯ 안에 색칠해 보세요.

친구들과 옹달샘에서 놀았어요. ◯

염소 할아버지의 지팡이를 찾아 드렸어요. ◯

염소 할아버지와 꽃밭으로 산책을 갔어요. ◯

낱말의 뜻을 생각하면서 문제를 풀어 보세요.

꾸며 주는 말 익히기

1 둘 중에서 알맞은 말을 찾아 색칠해 보세요.

> 뜨거운
>
> 달콤한

> 알록달록한
>
> 초롱초롱한

조사 '~에', '~에서', '~에게' 익히기

2 다음 그림을 보고, 보기 에서 알맞은 말을 찾아 써 보세요.

옹달샘＿＿＿＿ 도착했어요.

주머니＿＿＿＿ 알밤을 꺼내요.

다롬이＿＿＿＿ 꿀을 주어요.

보기   에서   에   에게

14

시제(때를 나타내는 말) 익히기

3 약속하는 뜻을 가진 문장이 되도록 알맞은 말을 찾아 ( ) 안에 〇표 해 보세요.

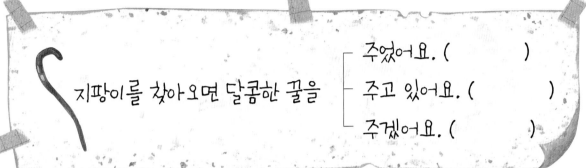

지팡이를 찾아오면 달콤한 꿀을

- 주었어요. ( )
- 주고 있어요. ( )
- 주겠어요. ( )

부사어를 넣어 문장 완성하기

4 다음 그림을 보고, 보기 에서 알맞은 말을 찾아 써 보세요.

배에서 〔   〕 소리가 나요.

꽃밭을  찾아보아요.

다롬이가  걸어요.

보기   부지런히   꼬르륵   샅샅이

낮과 밤은 왜 바뀔까?

밝고 환한 낮에 신 나게 놀다 보면
어느덧 해가 져서 깜깜한 밤이 되어요.
낮과 밤은 왜 바뀌는 걸까요?
우리가 살고 있는 지구는 커다란 공처럼 생겼어요.
그리고 하루에 한 번씩 스스로 돌아요.
이렇게 돌고 있는 지구를 해가 **비추고** 있어요.
해는 움직이지 않고 늘 같은 자리에 있지만
우리가 볼 때에는 해가 뜨고 지는 것 같아 보여요.
지구가 돌고 있기 때문에
마치 해가 움직이는 것처럼 보이는 거예요.

낱말쏙쏙

❀ **비추고**
(비추다)

빛을 보내어 밝게 한다는
뜻이에요.

해를 보고 있는 지구의 반쪽은 밝고,
해의 반대쪽에 있는 반쪽은 캄캄해요.
밝은 쪽은 낮이고 어두운 쪽은 밤이지요.
우리가 사는 곳이 해를 보고 있는 쪽이면
낮이었다가 지구가 계속 돌아
우리가 사는 곳이 해의 반대쪽으로 가면 밤이 되지요.
이때, 우리가 사는 곳과 반대쪽에 있는 곳은 낮이 되지요.
이제 알겠죠? 낮과 밤이 바뀌는 **까닭**은
지구가 스스로 돌고 있기 때문이에요.
낮과 밤은 하루에 한 번씩 바뀌고, 약 열두 시간씩 계속된답니다.

🍀**까닭** 낱말쏙쏙
어떤 일이 생기게 된
원인이나 이유를 뜻하는
말이에요.

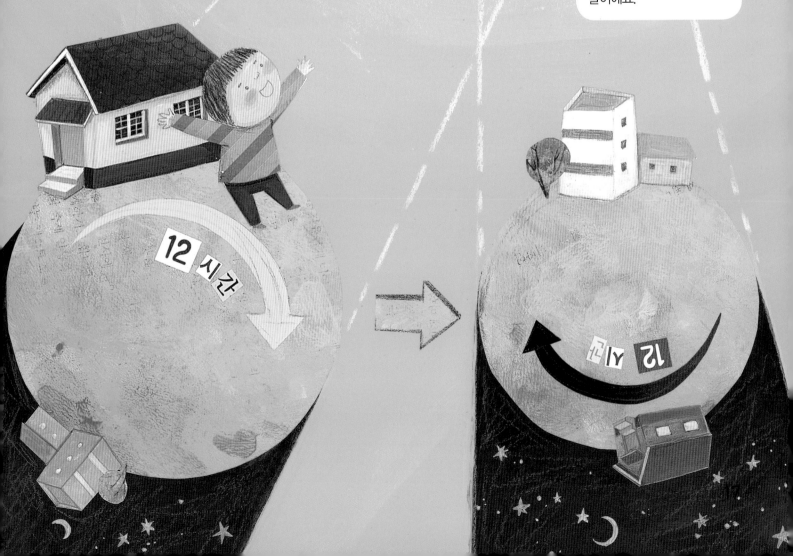

글의 내용을 생각하면서 문제를 풀어 보세요.

1 이 글은 무엇에 대해 쓴 글인가요? 알맞게 말한 친구를 찾아 (　　　) 안에 ◯표 해 보세요.

계절에 대해
쓴 글이에요.

낮과 밤에 대해
쓴 글이에요.

밤에 돌아다니는
동물에 대해
쓴 글이에요.

(　　　　)　　　　(　　　　)　　　　(　　　　)

2 우리가 살고 있는 지구는 무엇처럼 생겼다고 하였나요? 알맞은 모습을 찾아 (　　　) 안에 ◯표 해 보세요.

커다란 상자　　　긴 막대기　　　커다란 공

(　　　　)　　　　(　　　　)　　　　(　　　　)

3 낮과 밤에 우리가 사는 곳은 어떻게 되어 있나요? 알맞은 모습을 연결해 보세요.

4 낮과 밤이 바뀌는 까닭은 무엇인가요? 바르게 말한 것을 찾아 ◯ 안에 색칠해 보세요.

지구가 스스로 돌기 때문이에요.

해가 하루에 한 번씩 돌기 때문이에요.

지구가 늘 같은 자리에 있기 때문이에요.

낱말의 뜻을 생각하면서 문제를 풀어 보세요.

1 ◯ 안의 말 가운데 알맞은 것을 찾아 색칠해 보세요.

낮 와 과 밤

해 와 과 지구

2 다음 그림을 보고, 보기 에서 알맞은 낱말을 찾아 써 보세요.

해가
☐ . ⟷ 지다.

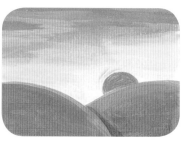

바깥이
밝다. ⟷ ☐ .

보기   이기다   뜨다   어둡다

3 다음 문장에 어울리는 낱말을 찾아 (   ) 안에 ◯표 해 보세요.

낮에 (신 나게 / 커다랗게) 놀았어요.

해는 (늘 / 갑자기) 같은 자리에 있어요.

4 다음 그림을 보고, **보기** 에서 알맞은 말을 찾아 써 보세요.

해가 지구를   .

지구가 스스로   .

보기   돌아요   바뀌어요   비추어요

깨어 있는 밤

나는 한밤중에 잠에서 깼어요.
너무 아파서 훌쩍훌쩍 울었어요.
"아영아, 어디 아프니? 이런, 열이 많이 나네."
나는 아빠 차를 타고 큰 병원의 **응급실**에 갔어요.
응급실에는 나처럼 아픈 사람들이 많았어요.
의사 선생님들과 간호사들이 바쁘게 움직였어요.
나는 약을 먹고 침대에 누웠어요.
"엄마, 의사 선생님은 잠을 안 자요?"
"밤중에 아픈 사람들을 위해 밤에도 일을 한단다."
얼마 뒤 나는 열이 내려서 병원에서 나왔어요.

낱말쏙쏙
🌸 **응급실**
병원에서 급한 환자를
치료하는 곳을 뜻해요.
한밤중에도 열려 있어요.

집으로 가는 도중에 아빠가 주유소에 들렀어요.
주유소 직원이 차에 기름을 넣어 주었어요.
아빠는 **편의점**에도 들러 물을 샀어요.
유니폼을 입은 아저씨가 친절하게 계산해 주었어요.
한밤중에도 많은 사람들이 일을 하고 있었어요.
밤에는 모두 쿨쿨 자는 줄 알았는데
깨어 있는 사람들이 많아서 놀라웠어요.
해가 뜨려고 깜깜하던 하늘이 조금 밝아졌어요.
나는 졸려서 하품을 했어요.
차창 밖으로 찻길을 청소하는 환경미화원 아저씨가 보였어요.

🌸**편의점**   낱말쏙쏙
하루 24시간 내내 문을
열고 먹을거리나 물건을
파는 가게를 뜻해요.

23

글의 내용을 생각하면서 문제를 풀어 보세요.

1 아영이는 한밤중에 왜 잠에서 깼나요? 알맞은 것을 찾아 (   ) 안에 ◯표 해 보세요.

아파서   배가 고파서   시끄러워서

(   )   (   )   (   )

2 아영이가 아빠와 함께 간 곳을 떠올려 보고, ◯ 안에 차례대로 번호를 써 보세요.

편의점   주유소   병원

3 아영이는 밤에 일하는 사람들을 보았어요. 아영이가 본 사람을 모두 찾아 ◯표 해 보세요.

4 아영이가 알게 된 것은 무엇인가요? 바르게 말한 것을 찾아 색칠해 보세요.

밤에는 돌아다니면 안 돼.

건강을 위해 밤에 잘 자야 해.

밤에도 일하는 사람들이 많아.

낱말의 뜻을 생각하면서 문제를 풀어 보세요.

흉내 내는 말 익히기

1 다음 그림을 보고, 알맞은 말을 찾아 색칠해 보세요.

| 생글생글 | 훌쩍훌쩍 | 쿨쿨 | 솔솔 |

이어 주는 말 익히기

2 다음 두 문장을 어떤 말로 이어 주어야 할까요? 알맞은 말에 ○표 해 보세요.

얼마 뒤 열이
내렸어요.

그러나
그래서

병원에서
나왔어요.

아빠가 주유소에
들렀어요.

그리고
그러나

편의점에도
들렀어요.

문장의 순서 익히기

3 다음 그림을 보고, 올바른 문장이 되도록 차례에 맞게 (   ) 안에 번호를 써 보세요.

움직여요. (   )
간호사가 (   )
바쁘게 (   )

아영이가 (   )
먹어요. (   )
약을 (   )

문장 바꾸어 쓰기

4 보기 와 같이 주어진 문장을 바꾸어 써 보세요.

보기 아저씨가 친절하다. ➡ 친 절 한 아저씨

하늘이 깜깜하다. ➡ ☐ ☐ ☐ 하늘

사람들이 아프다. ➡ ☐ ☐ 사람들

낮과 밤은 어떻게 생겼을까?

"낮과 밤은 어떻게 생겼을까?"를 읽었어요.

먼 옛날에는 밤이 없고 낮만 있었어요.

어느 날, 어린 하인이 산에서 나무를 하고 있었어요.

그때, 새카만 어둠이 나타나 하인을 도와주었어요.

어둠은 자기가 도와준 것을 아무에게도 말하지 말라고 했어요.

그러나 어린 하인은 주인에게 말하고 말았어요.

어둠은 엄청 화가 나서 어린 하인을 **잡아갔어요**.

낱말쏙쏙

❀ **잡아갔어요**
(잡아가다)

달아나지 못하게 붙들어 데려간다는 뜻이에요.

28

마을 사람들이 어린 하인을 구하러 갔어요.

어둠에게 신비한 가루를 뿌리자 어둡던 **사방**이 환해졌어요.

화가 난 어둠이 힘을 쓰자 다시 사방이 캄캄해졌어요.

마을 사람들과 어둠은 싸우다가 모두 지쳤어요.

마침내 어둠은 어린 하인을 돌려주었어요.

그 대신 하루의 반은 캄캄한 어둠이 계속되게 했어요.

그때부터 낮과 밤이 생긴 거래요.

옛날 사람들은 낮과 밤이 어떻게 생겼을까 생각하다가

이런 이야기를 지었나 봐요.

나는 옛날 사람들의 생각이 참 재미있었어요.

🌸**사방**　　낱말쏙쏙

동서남북의 네 방향을 말해요.
모든 방향을 뜻하지요.

29

글의 내용을 생각하면서 문제를 풀어 보세요.

1 어떤 책을 읽고 쓴 글인가요? 알맞은 책 제목을 찾아 ◯표 해 보세요.

겨울은 어떻게 생겼을까?

낮과 밤은 어떻게 생겼을까?

하늘과 땅은 어떻게 생겼을까?

2 어린 하인이 다음 그림처럼 말하자 어떤 일이 일어났나요? 바르게 말한 것을 찾아 ◯표 해 보세요.

어둠이 나무하는 것을 도와줬어요.

⬇

어둠이 주인을 잡아갔어요.

어둠이 어린 하인을 잡아갔어요.

어둠이 마을에 마술 가루를 뿌렸어요.

3 다음은 책의 내용을 나타낸 글과 그림이에요. 차례에 맞게 ◯ 안에 번호를 써 보세요.

어둠이 어린 하인을 도와주었어요.

마을 사람들이 어둠과 싸웠어요.

하루의 반은 낮이 되고, 나머지 반은 밤이 되었어요.

어둠이 어린 하인을 잡아갔어요.

4 글쓴이가 책을 읽고, 느낀 점은 무엇인가요? 바르게 말한 것을 찾아 색칠해 보세요.

옛날 사람들의 생각이 참 재미있어.

옛날 사람들은 정말 바보 같아.

낱말의 뜻을 생각하면서 문제를 풀어 보세요.

목적격 조사 익히기

1 ⬚ 안의 말 가운데 알맞은 것을 찾아 색칠해 보세요.

> 산에서 나무 | 을 | 를 | 해요.

> 마을 사람들이 하인 | 을 | 를 | 구해요.

뜻이 다른 같은 말 익히기

2 밑줄 친 말이 뜻하는 것은 무엇인가요? 알맞은 그림을 찾아 (   ) 안에 ◯표 해 보세요.

> 먼 옛날에는 밤이 없고 낮만 있었어요.

(   )

(   )

형용사+명사 익히기

3 다음 그림과 어울리는 말이 되도록 바르게 연결해 보세요.

신비한 ●

새카만 ●

재미있는 ●

● 책

● 가루

● 어둠

움직임을 나타내는 말 익히기

4 다음 그림에 어울리는 말을 **보기** 에서 찾아 써 보세요.

보기   돌려주다   뿌리다   지치다

다지기 마당

'다지기 마당'은 이번 마당에서 읽은 글을 다시 한 번 읽어 보면서 독해력과 어휘력을 다지는 시간입니다. 글과 문제를 꼼꼼히 읽고, 알맞은 답을 찾아 보세요.

✿ 다음 글을 읽고, 물음에 답해 보세요.

산 위에 있는 옹달샘에 도착했더니 점심때가 되었어요.
다롬이의 배에서 꼬르륵 소리가 났어요.
다롬이는 주머니에서 알밤을 꺼내서 맛있게 먹었어요.
그리고 옹달샘 주변을 찾아보았지만 지팡이는 없었어요.
다롬이는 실망해서 터덜터덜 산을 내려왔어요.
그런데 꼬부랑 소나무 가지에 지팡이가 걸려 있었어요.

1 염소 할아버지의 지팡이는 어디에 있었나요? 알맞은 것을 찾아 ○표 해 보세요.

 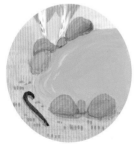  

2 밑줄 친 말과 같은 뜻으로 쓰인 말을 찾아 ⬭ 안에 색칠해 보세요.

다롬이의 **배**에서 꼬르륵 소리가 났어요.

바다에 **배** 한 척이 떠 있어요. ⬭

배가 아파서 병원에 갔어요. ⬭

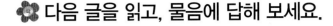

🌸 다음 글을 읽고, 물음에 답해 보세요.

> 낮과 밤은 왜 바뀌는 걸까요?
> 우리가 살고 있는 지구는 커다란 공처럼 생겼어요.
> 그리고 하루에 한 번씩 스스로 돌아요.
> 이렇게 돌고 있는 지구를 해가 비추고 있어요.
>
> 이제 알겠죠? 낮과 밤이 바뀌는 까닭은
> 지구가 스스로 돌고 있기 때문이에요.
> 낮과 밤은 하루에 한 번씩 바뀌고,
> 약 열두 시간씩 계속된답니다.

3 지구에 대해 바르게 말한 것을 모두 찾아 ( ) 안에 ◯표 해 보세요.

커다란 공처럼 생겼어요.	움직이지 않아요.	스스로 돌아요.
( )	( )	( )

4 대답에 어울리는 질문이 되려면 어떻게 말해야 할까요? 알맞은 말을 찾아 ( ) 안에 ◯표 해 보세요.

질문 낮과 밤은 (언제 / 왜) 바뀌는 걸까요?

대답 지구가 스스로 돌고 있기 때문이에요.

✿ 다음 글을 읽고, 물음에 답해 보세요.

나는 아빠 차를 타고 큰 병원의 응급실에 갔어요.
응급실에는 나처럼 아픈 사람들이 많았어요.
의사 선생님들과 간호사들이 바쁘게 움직였어요.
나는 약을 먹고 침대에 누웠어요.
"엄마, 의사 선생님은 잠을 안 자요?"
"밤중에 아픈 사람들을 위해 밤에도 일을 한단다."

5 한밤중에 응급실에서 일을 하는 사람을 모두 찾아 ⭕표 해 보세요.

6 보기 와 같이 주어진 문장을 시키는 문장으로 바꾸어 써 보세요.

보기   약을 먹다. ➡ 약을 먹어라.

응급실에 가다.

응급실에 ⬚ .

🌸 다음 글을 읽고, 물음에 답해 보세요.

먼 옛날에는 밤이 없고 낮만 있었어요.

어느 날, 어린 하인이 산에서 나무를 하고 있었어요.

그때, 새카만 어둠이 나타나 하인을 도와주었어요.

어둠은 자기가 도와준 것을 아무에게도 말하지 말라고 했어요.

그러나 어린 하인은 주인에게 말하고 말았어요.

어둠은 엄청 화가 나서 어린 하인을 잡아갔어요.

마을 사람들이 어린 하인을 구하러 갔어요.

어둠에게 신비한 가루를 뿌리자 어둡던 사방이 환해졌어요.

7 누가 어린 하인을 도와주었나요? 알맞은 것을 찾아 ◯표 해 보세요.

| 주인 | 호랑이 | 친구 | 어둠 |

8 보기 처럼 문장에서 틀린 곳에 ✕표 하고, ⬚ 안에 바르게 고쳐 써 보세요.

보기

강~~에서~~ 나무를 해요.

➡ 산에서

신비한 가루를 읽어요.

➡ ⬚

그림자를 찾아 주세요
사라진 그림자에 색깔을 칠하는 놀이예요.

❀ 환한 대낮에 놀이터에서 친구들이 재미있게 놀고 있어요. 그런데 그림자가 사
라진 친구들이 있네요. 그림자의 모습을 잘 살펴보고 색칠해 보세요.

정보마당

밤에 활동하는 동물들

캄캄한 밤이 되면 보금자리로 돌아가는 동물들도 있지만, 밤에 돌아다니기 시작하는 동물들도 있어요. 밤에 활동하는 동물에 대해 알아보아요.

올빼미
올빼미는 눈이 좋아요. 빛이 조금만 있어도 볼 수 있지요. 밝은 낮에는 눈이 부셔서 눈동자를 작게 하고 눈꺼풀로 덮고 있어요. 하지만 밤에는 눈동자가 아주 커져요.

늑대
날카로운 이빨을 가진 늑대는 밤에 사냥을 해요. 늑대의 눈은 고양이처럼 밤에 빛나는데 잘 보고 냄새를 잘 맡아서 사냥감을 잘 찾아내지요.

박쥐
깜깜한 동굴에서 사는 박쥐는 밤에는 활발하게 돌아다니지만 낮에는 동굴 벽에 거꾸로 매달려 잠을 잔답니다. 박쥐는 눈이 잘 안 보여요.

생쥐
생쥐는 밤에 돌아다니며 곡식이나 작은 벌레 등을 먹고 살아요. 눈이 나쁘고 색깔도 구별하지 못해요. 하지만 작은 소리도 들을 수 있고 냄새를 무척 잘 맡아요.

나방
나방은 나비와 비슷하게 생겼지만, 나비와 달리 밤에 날아다녀요.

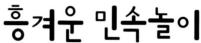

둘째 마당

흥겨운 민속놀이

"둘째 마당에서는 우리 민족의 민속놀이에 대한
여러 가지 글을 읽어 볼 거예요.
왕 딱지로 딱지치기하는 돌이를 만나고, 명절에는
어떤 민속놀이를 하는지 알아보아요.
또, 즐거운 윷놀이 판을 표현한 시와 추운 겨울날,
아빠와 연을 날리는 친구의 이야기도 읽어 보아요.
주어진 글을 모두 읽고 나면 민속놀이에 대해 더욱
관심과 흥미를 갖게 될 거예요."

부모님께

둘째 마당에서 다루고 있는 '흥겨운 민속놀이'는
초등 1학년 즐거운 생활 영역의 대주제 중 하나
인 '여러 가지 놀이 하기'와 1학년 2학기 즐거운
생활 3단원 '함께하는 한가위'와 연관되어 있습
니다. 이 주제는 민속놀이를 통해 여럿이 함께하
는 활동을 함으로써 서로 돕고 협동하는 태도를
기르는 활동입니다. 교재 학습과 더불어 아이와
함께 윷놀이, 팽이치기, 연날리기 등 민속놀이를
해 보세요.

마당길잡이

교과영역	바른 생활	슬기로운 생활	✔ 즐거운 생활

순서	글감 제목	글감 내용	이렇게 읽어요
첫째 날	왕 딱지 (이야기)	왕 딱지가 생긴 돌이의 이야기를 보며 옛날 아이들은 어떻게 놀았는지 알아보아요.	인물이 한 일을 잘 살펴보며 읽어요.
둘째 날	명절에 하는 민속놀이 (설명하는 글)	설날, 단오, 추석 등의 명절에 어떤 민속놀이를 하는지 알아보아요.	중요한 내용을 정리하며 읽어요.
셋째 날	윷놀이 (동시)	가족이 함께 윷놀이하는 모습을 통해 윷놀이할 때의 분위기를 느껴 보아요.	흉내 내는 말을 찾아보고, 윷놀이 판의 모습을 어떻게 표현했는지 살펴보며 읽어요.
넷째 날	연아, 높이높이 날아라 (생활문)	연날리기를 하는 방법과 연의 의미에 대해 알아보아요.	글쓴이가 한 일에 따라 글쓴 이의 마음이 어떻게 변하고 있는지 살펴보며 읽어요.

다섯째 날	다지기 마당	앞에서 공부한 내용을 다시 한 번 확인해 보아요.
	놀이 마당	엉킨 연줄을 따라가면서 누구 연이 끊어졌는지 찾는 놀이를 해 보아요.
	정보 마당	옛날 아이들이 가지고 놀았던 놀잇감에 대해 알아보아요.

41

왕 딱지

할아버지께서 돌이에게 큼지막한 딱지를 만들어 주셨어요.

"와! 이 왕 딱지로 우리 마을 딱지를 다 따야지!"

돌이는 신이 나서 딱지를 들고 뛰어나갔어요.

울타리 옆에서 훈이가 제기를 차고 있었어요.

"훈아, 딱지치기 하자!"

"일곱, 여덟, 아홉……."

훈이는 제기 차는 횟수를 세느라 돌이를 본체만체했어요.

나무 아래에서 여자애들이 공기놀이를 하고 있었어요.

"얘들아, 딱지치기 하자!"

"우리는 딱지 없어. 조약돌은 있지만……."

🌸울타리

낱말쏙쏙

풀, 나무 등을 엮어서 집이나
밭 둘레에 친 작은 담장을
뜻해요.

돌이는 빨리 왕 딱지로 딱지치기를 하고 싶었어요.
석이가 나무 위에서 **새총**으로 참새를 겨누고 있었어요.
"석아, 딱지치기 하자!"
석이가 주머니에서 딱지를 꺼냈는데 돌이의 딱지보다 작았어요.
돌이는 석이의 딱지를 힘껏 내리쳤지만 조금 들썩일 뿐이었어요.
이번엔 석이가 돌이의 딱지를 힘껏 내리쳤어요.
그러자 돌이의 딱지가 훌떡 뒤집혔어요.
"으앙~ 내 왕 딱지~!"
돌이는 왕 딱지가 금세 따먹혀서 엉엉 울었어요.
석이는 돌이에게 딱지를 돌려주었어요.
"자, 한 번 봐 줄게. 내일 다시 하자."
돌이는 왕 딱지를 소중하게 품에 안았어요.

❀**새총**　낱말쏙쏙
Y자 모양으로 생긴 나뭇가지
에 고무줄을 매고 돌멩이를
끼워 팅기는 물건이에요.

43

글의 내용을 생각하면서 문제를 풀어 보세요.

1 할아버지께서 돌이에게 만들어 주신 것은 무엇인가요? 알맞은 것을 찾아 ○표 해 보세요.

새총

딱지

연

2 돌이가 엉엉 운 까닭은 무엇인가요? 알맞은 것을 찾아 ○ 안에 색칠해 보세요.

친구들이 놀아 주지 않아서 ◯

왕 딱지를 잃어버려서 ◯

왕 딱지를 금세 따먹혀서 ◯

3 돌이의 친구들은 무엇을 하며 놀고 있었나요? 알맞은 것을 모두 찾아 ◯표 해 보세요.

말타기

공기놀이

제기차기

소꿉놀이

4 이 글을 읽고, 생각한 것으로 바른 것을 찾아 색칠해 보세요.

옛날 아이들은 딱지 치기, 공기놀이, 제기 차기 같은 놀이를 하면서 놀았구나.

옛날 아이들은 농사 일을 돕느라 많이 놀지 못했구나.

낱말의 뜻을 생각하면서 문제를 풀어 보세요.

위치를 나타내는 말 익히기

1 다음 그림에서 친구들은 어디에 있나요? 보기 에서 알맞은 말을 찾아 써 보세요.

울타리 [ ]　　　나무 [ ]　　　나무 [ ]

보기　　　　　아래　　　위　　　옆

뜻이 비슷한 말 익히기

2 밑줄 친 낱말과 바꾸어 쓸 수 있는 말을 찾아 색칠해 보세요.

"와! 이 왕 딱지로 우리 마을 딱지를 다 따야지!"

조금　　　　모두　　　　빨리

3 다음 그림을 바르게 나타낸 문장을 찾아 ◯표 해 보세요.

딱지를 만들어요.

제기를 돌려줘요.

딱지를 돌려줘요.

참새를 겨누어요.

참새를 길러요.

독수리를 겨누어요.

'~보다'가 들어가는 문장 완성하기

4 다음 그림을 보고, 보기 에서 알맞은 말을 찾아 써 보세요.

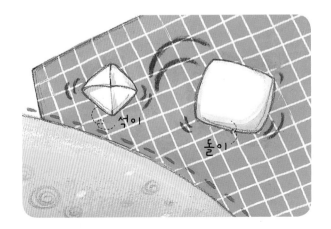

석이 딱지가

돌이 딱지 ☐ ☐

☐ ☐ ☐ .

보기 　　커요　　　보다　　　작아요

명절에 하는 민속놀이

옛날부터 명절에는 여러 가지 민속놀이를 하였어요.
새해 첫날인 설날, 온 가족이 모여 앉아 윷놀이를 해요.
편을 갈라 윷가락을 던지며 **승부**를 겨루어요.
밖에서는 아이들이 하늘 높이 연을 날리고 팽이치기를 해요.
끝이 뾰족한 팽이를 채로 쳐서 돌리면 팽이가 빙빙 돌아요.
'쿵더쿵 쿵더쿵' 널뛰기도 해요.
두 사람이 기다란 판자의 끝에서 번갈아 힘껏 발을 굴러요.
그러면 높이 뛰어올라 담장 밖도 내다볼 수 있어요.

낱말쏙쏙

❀승부
이기고 지는 것을 뜻하는
말이에요.

48

더위가 시작되는 단오에는 그네를 타요.

그네가 높이 올라가면 새처럼 훨훨 나는 기분이 들어요.

남자들은 으라차차 씨름을 하지요.

우승한 천하장사는 상으로 황소를 받기도 해요.

추석에는 **휘영청** 밝은 보름달 아래서 강강술래를 해요.

여자들이 손에 손을 잡고 커다란 원을 만들어요,

그리고 빙글빙글 돌면서 춤을 추고 노래를 불러요.

이렇게 명절에는 가족과 마을 사람들이 한데 모여 놀이를 해요.

한바탕 신 나게 어울려 놀면 명절이 더욱 즐거워요.

낱말쏙쏙
🌸 **휘영청**
달빛이 환히 밝은 모양을 나타내는 말이에요..

49

글의 내용을 생각하면서 문제를 풀어 보세요.

1 이 글은 무엇에 대해 쓴 글인가요? 알맞은 것을 찾아 ◯표 해 보세요.

명절에 먹는 음식   명절에 입는 옷   명절에 하는 민속놀이

2 설날에 아이들이 노는 모습으로 알맞은 것을 모두 찾아 ◯표 해 보세요.

3 설날과 단오, 추석에는 어떤 민속놀이를 하나요? 보기 에서 알맞은 것을 찾아 ⬚ 안에 써 보세요.

설날에는 윷놀이와 ⬚ 를 해요.

단오에는 ⬚ 과 그네뛰기를 해요.

추석에는 ⬚ 를 해요.

보기 씨름 널뛰기 강강술래

4 친구들이 이 글을 읽고, 알게 된 것을 말하고 있어요. 바르게 말한 친구를 찾아 ( ) 안에 ○표 해 보세요.

예로부터 명절은 조용한 날이었어요.

명절에는 여러 민속놀이를 하면서 즐겁게 지냈어요.

명절에는 아이들만 놀 수 있었어요.

( ) ( ) ( )

낱말의 뜻을 생각하면서 문제를 풀어 보세요.

흉내 내는 말 익히기

1 낱말과 어울리는 그림을 찾아 바르게 연결해 보세요.

훨훨 •

빙빙 •

휘영청 •

소리는 같지만 뜻이 다른 말 알기

2 ☐ 안에 공통으로 들어갈 말을 찾아 ◯표 해 보세요.

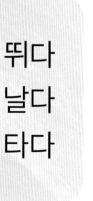

뛰다
날다
타다

그네를 ☐☐☐☐.   생선이 ☐☐☐☐.

'~이', '~가' 익히기

3 안에 말 가운데 알맞은 것을 찾아 색칠해 보세요.

그네 이 가 높이 올라가요.

온 가족 이 가 윷놀이를 해요.

문장 완성하기

4 다음 그림에 어울리는 문장이 되도록 보기 에서 알맞은 말을 찾아 써 보세요.

친구들이 ☐ ☐ .

친구들이 ☐ ☐ .

보기   노래를   손을   불러요   잡아요

윷놀이

탁탁 윷을 모으고
휘익 윷을 던져요.
우리 가족 모여 앉아
윷놀이 해요.

우리 말이 잡힐까 봐
가슴이 콩닥
윷 나와라 모 나와라
왁자지껄 **응원** 소리

낱말쏙쏙

🌸응원
남이 어떤 일을 잘할 수
있게 힘을 북돋워 주는
것을 뜻해요.

54

데구루루 윷이 굴러
모가 나와요.
데굴데굴 윷이 굴러
걸이 나와요.

탁탁 윷을 모으고
휘익 윷을 던져요.
우리 가족 즐거운 윷놀이 판에
하하 호호 **웃음꽃** 활짝 피어요.

🌸웃음꽃   낱말쏙쏙

꽃이 피어나듯 환하고
즐겁게 웃는 웃음이나 웃는
자리를 이르는 말이에요.

글의 내용을 생각하면서 문제를 풀어 보세요.

1 이 시를 읽고, 어떤 장면이 떠오르나요? 알맞은 것을 찾아 ○표 해 보세요.

2 글쓴이의 가슴이 콩닥거린 까닭은 무엇인가요? 알맞은 것을 찾아 ◯ 안에 색칠해 보세요.

엄마 몰래 윷놀이를 해서	◯
우리 말이 잡힐까 봐	◯
윷을 던질 차례가 되어서	◯

③ 이 시에서 왁자지껄 응원하는 말로 알맞은 것을 찾아 색칠해 보세요.

달려라, 달려!

윷 나와라, 모 나와라!

영치기 영차, 힘내라!

④ 친구들이 이 시에 대해 말하고 있어요. 바르게 말한 친구를 찾아 (　　　) 안에 ◯표 해 보세요.

친구들과 윷놀이를 하는 모습을 잘 나타냈어요.

빨리 윷놀이가 끝나기를 바라는 아이의 마음을 잘 나타냈어요.

온 가족이 즐겁게 윷놀이하는 모습을 잘 나타냈어요.

(　　　)　　(　　　)　　(　　　)

낱말의 뜻을 생각하면서 문제를 풀어 보세요.

움직임을 나타내는 말 익히기

1 다음 그림을 보고, 알맞은 말을 찾아 색칠해 보세요.

피다 잡다   버리다 모으다

조사 익히기

2 다음 ⬚ 안에 알맞은 말을 보기 에서 찾아 써 보세요.

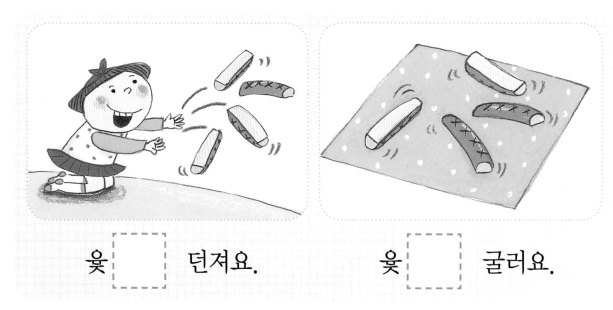

윷⬚ 던져요.   윷⬚ 굴려요.

보기   이 가 을 를

동음이의어 익히기

3 다음 그림을 보고, ⬚ 안에 공통으로 들어갈 말을 써 보세요.

⬚ 을 놓아요.

⬚ 을 타요.

문장 완성하기

4 ⬚ 안의 말과 바꾸어 쓸 수 있는 말을 보기 에서 찾아 써 넣어 문장을 완성해 보세요.

⬚ 하하 ⦙ 호호 웃음꽃 활짝 피어요.

⬚ ⦙ 웃음꽃 활짝 피어요.

보기 펄펄 허허 동동 헤헤

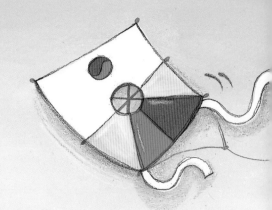

연아, 높이높이 날아라

찬 바람이 세차게 부는 일요일 오후,
심심해진 나는 함께 놀자고 아빠를 졸랐어요.
아빠와 나는 연을 가지고 **야트막한** 언덕으로 올라갔어요.

언덕 위에는 겨울바람이 쌩쌩 불었어요.
나는 빨리 연을 날리고 싶었어요.
하지만 하늘에 어떻게 연을 띄우는지 몰랐어요.
"바람이 부는 쪽으로 연줄을 천천히 풀면서 연을 놓아 봐."
아빠 말씀대로 했더니 연이 바람을 타고 두둥실 떠올랐어요.
"우아! 연이 떠요!"
아빠가 연줄을 길게 풀어 연을 높이 날려 주셨어요.

낱말쏙쏙
🌸 야트막한
(야트막하다)
조금 얕은 듯하다는 뜻이에요.

"옛날에는 연에 불행과 병을 뜻하는 글자를 써서 멀리 날려 보냈단다.
그러면 한 해 동안 나쁜 일이 안 생기고 **복**이 온다고 여겼지."
아빠는 연날리기에 담긴 뜻을 알려 주셨어요.
나는 연이 아까워서 날려 보내고 싶지 않았어요.
그래서 마음속으로 연줄을 끊고 복이 오게 해 달라고 빌었어요.
아빠와 나는 연이 작은 점으로 보일 때가지 멀리 날렸어요.
내 마음도 하늘로 높이높이 날아오르는 것 같았어요.
무척 즐거운 하루였어요.

낱말쏙쏙

✿복
행운과 행복을
이르는 말이에요.

61

1 '나'가 연을 날린 곳은 어디인가요? 알맞은 곳을 찾아 ◯표 해 보세요.

언덕   공원   학교 운동장

2 옛날에는 나쁜 일이 안 생기고 복이 오기를 바라는 마음으로 무엇을 했나요? 알맞은 것을 찾아 ◌ 안에 색칠해 보세요.

연날리기를 한 뒤 연을 모두 불태웠어요. ◯

연에 불행과 병을 뜻하는 글자를 써서 날려 보냈어요. ◯

연에 행운을 뜻하는 글자를 써서 집에 걸어 두었어요. ◯

3 연을 날리면서 '나'의 마음은 어떻게 달라졌나요? 알맞은 것을 찾아 ◯표 해 보세요.

심심해

힘들어　　　　슬퍼　　　　즐거워

4 글의 내용을 일기로 쓸 때, ⬚ 안에 들어갈 알맞은 말을 보기 에서 찾아 써 보세요.

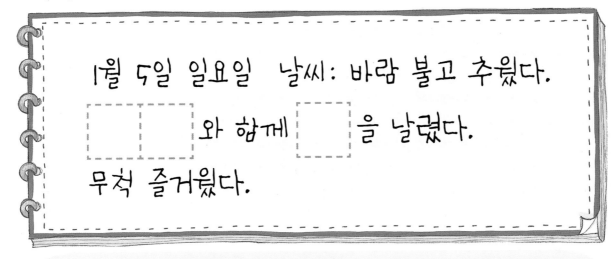

1월 5일 일요일　날씨: 바람 불고 추웠다.
⬚⬚ 와 함께 ⬚ 을 날렸다.
무척 즐거웠다.

보기　　엄마　아빠　공　연

낱말의 뜻을 생각하면서 문제를 풀어 보세요.

대명사 익히기

1 안의 말 가운데 알맞은 것을 찾아 색칠해 보세요.

이렇게 추운 날
누구
어디
를 나가니?

상태를 나타내는 말 익히기

2 다음 그림을 보고, 알맞은 말을 찾아 바르게 연결해 보세요.

•　　•　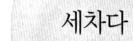 세차다

•　　•　아깝다

•　　•　야트막하다

3 자연스러운 문장이 되도록 알맞은 낱말을 찾아 (　　) 안에 ○표 해 보세요.

나는 하늘 (많이 / 높이) 연을 날려요.

아빠가 연줄을 (길게 / 두껍게) 풀어요.

4 보기 와 같이 문장을 바꾸어 써 보세요.

보기

연을 날려요.

➡ 연을 │ 날리고 싶어요 │.

퍼즐을 맞춰요.

➡ 퍼즐을 [　　　　　].

밖에서 놀아요.

➡ 밖에서 [　　　　　].

다지기 마당

'다지기 마당'은 이번 마당에서 읽은 글을 다시 한 번 읽어 보면서 독해력과 어휘력을 다지는 시간입니다. 글과 문제를 꼼꼼히 읽고, 알맞은 답을 찾아 보세요.

🌸 다음 글을 읽고, 물음에 답해 보세요.

> "와! 이 왕 딱지로 우리 마을 딱지를 다 따야지!"
> 돌이는 신이 나서 딱지를 들고 뛰어나갔어요.
> 울타리 옆에서 훈이가 제기를 차고 있었어요.
> "훈아, 딱지치기 하자!"
> "일곱, 여덟, 아홉……."
> 훈이는 제기 차는 횟수를 세느라 돌이를 본체만체했어요.
> 나무 아래에서 여자애들이 공기놀이를 하고 있었어요.
> "애들아, 딱지치기 하자!"
> "우리는 딱지 없어. 조약돌은 있지만……."

1 돌이는 친구들에게 무엇을 하자고 했나요? 알맞은 것을 찾아 ◯표 해 보세요.

| 구슬치기 | 제기차기 | 공기놀이 | 딱지치기 |

2 (   ) 안의 낱말들을 써서 문장을 완성해 보세요.

(들고 / 딱지를 / 뛰어나갔어요)

돌이는 〔   〕 〔   〕 〔   〕 .

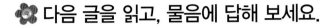

❀ 다음 글을 읽고, 물음에 답해 보세요.

옛날부터 명절에는 여러 가지 민속놀이를 하였어요.
새해 첫날인 설날, 온 가족이 모여 앉아 윷놀이를 해요.
편을 갈라 윷가락을 던지며 승부를 겨루어요.
밖에서는 아이들이 하늘 높이 연을 날리고 팽이치기를 해요.
끝이 뾰족한 팽이를 채로 쳐서 돌리면 팽이가 빙빙 돌아요.
'쿵더쿵 쿵더쿵' 널뛰기도 해요.
두 사람이 기다란 판자의 끝에서 번갈아 힘껏 발을 굴러요.
그러면 높이 뛰어올라 담장 밖도 내다볼 수 있어요.

③ 팽이치기는 어떤 놀이인가요? ☐ 안에 알맞은 말을 이 글에서 찾아 써 보세요.

☐☐ 를 채로 쳐서 돌리는 놀이예요.

④ 다음 낱말 중에서 나머지 셋을 포함하는 낱말은 무엇인가요? 알맞은 것을
찾아 ◯표 해 보세요.

윷놀이   민속놀이

널뛰기   팽이치기

✿ 다음 글을 읽고, 물음에 답해 보세요.

데구루루 윷이 굴러
모가 나와요.
데굴데굴 윷이 굴러
걸이 나와요.

탁탁 윷을 모으고
휘익 윷을 던져요.
우리 가족 즐거운 윷놀이 판에
하하 호호 웃음꽃 활짝 피어요.

5 이 시의 느낌을 바르게 말한 것을 찾아 ○표 해 보세요.

| 슬퍼요 | 무서워요 | 즐거워요 | 조용해요 |

6 다음 그림에 알맞은 흉내 내는 말을 이 시에서 찾아 써 보세요.

68

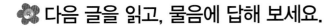

🌸 다음 글을 읽고, 물음에 답해 보세요.

> "바람이 부는 쪽으로 연줄을 천천히 풀면서 연을 놓아 봐."
> 아빠 말씀대로 했더니 연이 바람을 타고 두둥실 떠올랐어요.
> "우아! 연이 떠요!"
> 아빠가 연줄을 길게 풀어 연을 높이 날려 주셨어요.
> "옛날에는 연에 불행과 병을 뜻하는 글자를 써서 멀리 날려 보냈단다.
> 그러면 한 해 동안 나쁜 일이 안 생기고 복이 온다고 여겼지."
> 아빠는 연날리기에 담긴 뜻을 알려 주셨어요.

7 '나'는 아빠와 무엇을 하였나요? 알맞은 것을 찾아 ◯표 해 보세요.

| 축구 | 팽이치기 | 연날리기 | 줄다리기 |

8 서로 반대되는 문장이 되도록 보기 에서 알맞은 말을 찾아 써 보세요.

연줄을 풀어요.

↕

연줄을 [   ].

보기　　잘라요　　감아요　　잡아요

누구 연이 끊어졌을까?

연줄이 끊어진 연을 찾는 놀이예요.

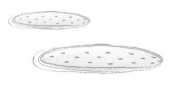

🌸 바람이 쌩쌩 부는 겨울날, 친구들이 즐겁게 연을 날리고 있어요. 그런데 연 하나가 연줄이 끊겨 하늘로 날아가고 있어요. 엉켜 있는 연줄을 잘 살펴보고, 누구의 연이 끊어졌는지 찾아보세요.

옛날 아이들의 놀잇감

장난감 가게가 없던 옛날, 아이들은 집에서 직접 만든 놀잇감을 가지고 놀았어요. 옛날 아이들의 놀잇감을 알아보아요.

풀각시

풀로 만든 각시 인형이에요. 한 뼘 정도 되는 수수깡이나 나뭇가지를 몸통으로 삼아요. 그리고 잎이 기다란 풀로 머리카락을 만들어 곱게 땋아요.

대말

긴 대나무로 만든 장난감 말이에요. 밑에 발 디딤대가 있어 그것을 딛고 서게 되어 있어요. 손으로 대나무의 위쪽을 붙잡고 성큼성큼 걸어 다니면서 놀았어요.

굴렁쇠

쇠붙이나 대나무로 만든 둥근 테예요. 이것을 굴렁대로 굴리지요. 둥근 테가 넘어지지 않도록 하면서 오래 굴리거나, 이리저리 방향을 바꾸어 굴리며 놀았어요.

호드기

버드나무 가지로 만든 피리예요. 봄철에 물오른 버드나무 가지를 잘라 속을 빼내고 껍질로 만들지요. 불면 '호득호득' 하는 소리가 나요. 호드기는 길이와 굵기에 따라 소리가 달라진답니다.

제기

옛날 돈인 엽전이나 가운데 구멍이 뚫린 동그란 쇠붙이를 종이로 싸서 만들어요. 닭이나 꿩의 깃털로 화려하게 만든 제기도 있어요. 아이들은 제기를 떨어뜨리지 않고 누가 많이 차는지 내기를 했어요.

아름다운 환경

"셋째 마당에서는 우리의 아름다운 환경에 대한 글들을 읽어 볼 거예요.
살던 별을 떠나 지구에 온 띠리띠리를 만나고, 음식을 남기지 말아야 하는 까닭을 알아보아요.
또, 북극곰이 보낸 편지도 읽고 재활용 쓰레기를 분류해서 버리는 친구도 만나 보아요.
주어진 글을 모두 읽고 나면 환경을 보호하는 일이 얼마나 중요한지 알게 될 거예요."

부모님께

셋째 마당에서 다루고 있는 '아름다운 환경'은 초등 2학년 바른 생활 영역의 대주제 중 하나인 '환경을 깨끗이 하기'와 1학년 2학기 5단원 '환경이 웃어요'와 연관되어 있습니다. 이 주제는 쓰레기를 줄이고 다시 쓸 수 있는 것은 재활용하여, 소중한 환경을 깨끗이 하고 보호하자는 활동입니다. 교재 학습과 더불어 아이와 함께 가정에서 환경 보호를 위한 작은 실천을 해 보세요.

마당길잡이

교과영역	✔ 바른 생활	슬기로운 생활	즐거운 생활

순서	글감 제목	글감 내용	이렇게 읽어요
첫째 날	초록 별 지구 (이야기)	지구에 온 외계인 띠리띠의 이야기를 통해 환경 보호의 중요성에 대해 알아보아요.	어떤 일이 일어났는지 잘 살펴보며 읽어요.
둘째 날	음식을 남기지 말자 (주장하는 글)	환경을 위해 음식을 남기지 말아야 하는 까닭을 알아보아요.	글쓴이의 생각과 그 까닭을 정리하며 읽어요.
셋째 날	북극곰이 보낸 편지 (편지)	북극곰의 편지를 통해 환경이 파괴되면서 북극이 어떻게 변하고 있는지 알아보아요.	글쓴이가 편지를 받는 사람에게 하고 싶은 말이 무엇인지 살펴보며 읽어요.
넷째 날	나누어 버려요 (생활문)	쓰레기를 분류해서 버려야 하는 까닭에 대해 알아보아요.	인물이 한 일과 엄마가 알려 주시는 내용을 잘 살펴보며 읽어요.

	다지기 마당	앞에서 공부한 내용을 다시 한 번 확인해 보아요.
다섯째 날	놀이 마당	각각의 분류 배출함에 알맞게 재활용 쓰레기를 찾아보는 놀이를 해 보아요.
	정보 마당	환경 파괴로 몸살을 앓는 지구를 살리는 물건들에 대해 알아보아요.

초록 별 지구

현결이가 뒷산에서 재미있게 놀고 있었어요.
이때, 눈이 사과만큼 크고 목은 바나나만큼 긴 아이가 다가왔어요.
"너는 누구니?" 현결이가 깜짝 놀라 물었어요.
"나는 띠리띠야. 먼 우주에서 왔어."
띠리띠는 새로 살 곳을 찾아다니고 있다고 했어요.
띠리띠의 눈에서 빛이 나오더니
회색 하늘 아래 검정 강이 흐르는 **영상**이 나타났어요.
"내가 살던 별이야. 이젠 아무것도 살 수 없어.
물도, 공기도, 땅도 다 더러워졌거든."
띠리띠는 슬픈 표정을 지었어요.

🌸영상 _{낱말쏙쏙}

낱말쏙쏙

텔레비전이나 컴퓨터 같은
기계에 비추어진 모습을
뜻하는 말이에요.

현결이는 지구에서 함께 살자고 했어요.

"글쎄. 초록 별 지구도 점점 더러워지고 있는걸."

띠리띠의 눈에서 다시 빛이 나오자

쌓여 있는 쓰레기와 더러운 강물이 나타났어요.

현결이는 지구가 띠리띠의 별처럼 될까 봐 무서웠어요.

그때, 나무 위에서 노랑 새가 아름답게 울었어요.

초록색 나뭇잎들이 바람에 춤을 추었어요.

현결이는 띠리띠에게 말했어요.

"초록 별 지구는 괜찮아. 우리가 **환경**을 잘 지키면 돼."

띠리띠가 고개를 끄덕이며 활짝 웃었어요.

🌸**환경**　　낱말쏙쏙
사람이나 생물이 살아가는 데
영향을 끼치는 자연 상태나
조건을 뜻하는 말이에요.

글의 내용을 생각하면서 문제를 풀어 보세요.

1 띠리띠에 대해 바르게 말한 친구를 찾아 ( ) 안의 ◯표 해 보세요.

뒷산에 사는
동물이에요.

( )

헤어진 엄마를
찾고 있어요.

( )

새로 살 곳을
찾아다니고 있어요.

( )

2 띠리띠가 살던 별은 어떤 모습인가요? 알맞은 것을 찾아 ◯ 안에 색칠해 보세요.

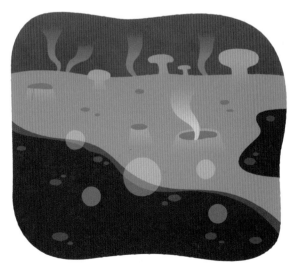

3 현결이는 띠리띠의 눈에서 무엇을 보았나요? 알맞은 것을 모두 찾아 ◯표 해 보세요.

띠리띠의 가족

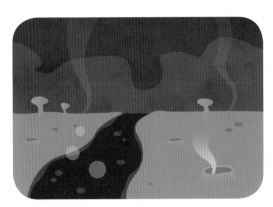

띠리띠가 살던 별

더러워진 지구

먼 우주

4 현결이는 띠리띠를 만난 뒤 무슨 생각을 했을까요? 알맞은 것을 찾아 ◌ 안에 ◯표해 보세요.

우리 집도 이사를 가면 좋겠어.　　　　　◯

띠리띠를 따라 여행을 다니고 싶어.　　　◯

지구의 아름다운 환경을 잘 지켜야겠어.　◯

낱말의 뜻을 생각하면서 문제를 풀어 보세요.

동음이의어 익히기

1 다음 그림을 보고, ⬚ 안에 공통으로 들어갈 알맞은 말을 써 보세요.

⬚ 이 커요.

⬚ 이 내려요.

색깔을 나타내는 말 익히기

2 다음 그림을 보고, ⬚ 안에 들어갈 말을 보기 에서 찾아 써 보세요.

지구는 ⬚⬚ 별이군.

보기   노랑   회색   검정   초록

3 다음 대답에 알맞은 질문을 찾아 ⭕표 해 보세요.

나는
띠리띠야.

여기가 어디야?

너는 몇 살이니?

너는 누구니?

4 보기 처럼 ( ) 안의 낱말을 알맞게 바꾸어 문장을 완성해 보세요.

보기

한결이가 (마당 / 넓다) 놀고 있었어요.

➡ 한결이가 ┊ 넓은 마당에서 ┊ 놀고 있었어요.

띠리띠는 (멀다 / 우주) 왔어요.

➡ 띠리띠는

┊ ┊ 왔어요.

띠리띠는 (슬프다 / 표정) 지었어요.

➡ 띠리띠는

┊ ┊ 지었어요.

음식을 남기지 말자

냠냠, 오물오물, 즐거운 식사 시간.
골고루 먹고 남김 없이 먹어요.
음식을 남기지 말아야 하는 까닭은 무엇일까요?
음식은 곡식과 채소 등으로 만들어요.
곡식과 채소는 농부가 정성껏 농사지어서 얻는 것이에요.
음식을 남기면 힘들게 키운 곡식과 채소를
아깝게 버리는 거예요.

낱말쏙쏙

✿ **곡식**
쌀, 보리, 밀, 콩 등의
먹을거리를 뜻해요.

무엇보다 음식을 남기면 지구가 더러워져요.

먹다 남긴 음식은 버려져 음식물 쓰레기가 되지요.

날마다 버리는 음식물 쓰레기를

그대로 놔둔다면 어떻게 될까요?

계속 쌓여서 엄청나게 많아질 거예요.

또, 나쁜 냄새가 나서 괴롭겠지요.

그래서 음식물 쓰레기는 땅속에 묻거나 불로 태워요.

그런데 땅속에 묻으면 땅이 더러워져요.

불로 태우면 안 좋은 **연기**가 나와서 공기가 더러워져요.

환경을 지키기 위해서 음식을 남기지 말아야 해요.

내 밥그릇을 싹 비워야 지구도, 내 몸도 건강해진답니다.

낱말쏙쏙

❀연기

무엇이 불에 탈 때 생기는 흐릿한 기체를 뜻하는 말이에요.

81

글의 내용을 생각하면서 문제를 풀어 보세요.

1 글쓴이는 무엇을 남기지 말자고 했나요? 알맞은 것을 찾아 ○표 해 보세요.

| 돈 | 학용품 | 음식 |

2 음식물 쓰레기를 없애면서 어떤 일이 생기나요? ☐ 안에 알맞은 말을 써 보세요.

없애는 방법

생기는 일

 땅속에 묻어요. ➡ ☐이 더러워져요.

 불로 태워요. ➡ 안 좋은 연기가 나와서 ☐가 더러워져요.

3 음식을 남기지 말아야 하는 까닭은 무엇인가요? 알맞은 것을 모두 찾아 ◯ 안에 색칠해 보세요.

버려지는 곡식과 채소가 아까워서 ◯

농부가 농사를 지을 수 없어서 ◯

음식물 쓰레기 때문에 지구가 더러워져서 ◯

4 이 글을 읽고, 친구들이 느낀 점을 말하였어요. 바르게 말한 친구를 찾아 ◯표 해 보세요.

엄마가 음식을
만드실 때
도와드릴
거예요.

환경을 위해서
음식을 남기지
않을 거예요.

곡식과 채소로
만든 음식을
많이 먹을
거예요.

낱말의 뜻을 생각하면서 문제를 풀어 보세요.

흉내 내는 말 익히기

1 다음 그림에 어울리는 말을 모두 찾아 ◯표 해 보세요.

오물오물

쨍쨍

펄럭펄럭

냠냠

문장 바꾸어 쓰기

2 보기 와 같이 주어진 문장을 바꾸어 써 보세요.

보기   환경을 지키다. ➡ 환경을 지키자 .

골고루 먹다. ➡ 골고루   .

밥그릇을 싹 비우다. ➡ 밥그릇을 싹   .

이어 주는 말 익히기

3 밑줄 친 말과 바꾸어 쓸 수 있는 말은 무엇인가요? 알맞은 것을 찾아 색칠해 보세요.

계속 쌓여서 엄청나게
많아질 거예요.
<u>또</u>, 나쁜 냄새가 나서
괴롭겠지요.

| 그러나 | 왜냐하면 | 그리고 | 하지만 |

움직임을 나타내는 말 익히기

4 다음 그림을 보고, 알맞은 말을 보기 에서 찾아 써 보세요.

보기   묻다   태우다   남기다   버리다

북극곰이 보낸 편지

어린이 친구들에게
친구들, 안녕? 난 북극곰이야.
요즘 난 걱정거리가 생겼어.
내가 사는 북극의 얼음이 녹고 있거든.
북극은 무척 추운 곳이야.
거대한 얼음 덩어리로 뒤덮여 있지.
내가 얼음 위를 **어슬렁거리며** 걷는 모습을
너희도 텔레비전에서 본 적이 있을 거야.
그런데 지구가 점점 더워져서
북극의 얼음이 갈수록 줄어들고 있어.

낱말쏙쏙

❀어슬렁거리며
　(어슬렁거리다)
몸집이 큰 사람이나 짐승이 몸을 흔들면서 천천히 걸어 다니는 모양을 뜻하는 말이에요.

사람들은 숲의 나무를 베어 내고
무더운 여름에는 에어컨을 마구 틀지.
또, 자동차를 운전하면서 **매연**을 내뿜잖아.
그러면 환경이 파괴되어 지구가 점점 더워진대.
그러니 지구가 더워지지 않도록 환경을 보호해 줘.
친구들아, 얼음이 녹으면 나는 살 수 없어.
북극의 얼음 덩어리 밑은 차가운 바다거든.
땅이 점점 줄어든다고 상상해 봐.
그러면 너희도 나처럼 무척 걱정될 거야.
그럼, 이만 쓸게. 잘 있어!

추운 북극에서 북극곰이

낱말쏙쏙

❋ **매연**
연료가 탈 때 나오는 검은
연기를 말해요.
환경을 더럽히지요.

글의 내용을 생각하면서 문제를 풀어 보세요.

1 이 글은 누가 누구에게 쓴 편지인가요? 알맞게 말한 것을 찾아 ◯표 해 보세요.

펭귄이
어린이들에게

북극곰이
어린이들에게

어린이가
어른들에게

2 북극곰의 걱정은 무엇인가요? 알맞은 것을 찾아 ◯표 해 보세요.

북극이 너무 추운 것

북극의 얼음이 녹는 것

땅이 점점 줄어드는 것

먹이가 부족한 것

3 북극의 얼음이 줄어드는 까닭은 무엇인가요? 바르게 말한 친구를 찾아
○표 해 보세요.

지구의 환경이
점점 좋아지기
때문이에요.

사람들이
얼음을 가져갔기
때문이에요.

지구가 점점
더워지기
때문이에요.

4 이 편지에서 북극곰이 어린이들에게 하고 싶은 말은 무엇인가요? 바르게
말한 것을 찾아 ○표 해 보세요.

나를 만나면
반갑게
인사해 줘.

동물원에 있는
나를 북극으로
돌려보내 줘.

지구가 더워지지
않도록 환경을
보호해 줘.

낱말의 뜻을 생각하면서 문제를 풀어 보세요.

꾸며 주는 말 익히기

1 다음 그림을 보고, 알맞은 말을 찾아 색칠해 보세요.

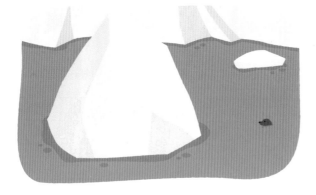

| 가벼운 |
| 거대한 | 얼음 덩어리

| 무더운 |
| 포근한 | 여름

목적어+서술어 익히기

2 다음 그림을 알맞게 표현하는 문장이 되도록 바르게 연결해 보세요.

　　나무를　　•　　　•　　보내요.

　　자동차를　•　　　•　　베어요.

　　편지를　　•　　　•　　운전해요.

뜻이 같은 말 익히기

3 밑줄 친 낱말과 바꾸어 쓸 수 있는 말을 찾아 ◯표 해 보세요.

> 북극의 얼음 덩어리 **밑**은 차가운 바다거든.

| 안 | 아래 | 위 | 뒤 |

문장에 어울리는 낱말 익히기

4 다음 문장에 어울리는 낱말을 찾아 (   ) 안에 ◯표 해 보세요.

북극은 (무척 / 별로) 추운 곳이에요.

지구가 (점점 / 전혀) 더워져요.

에어컨을 (훨씬 / 마구) 틀어요.

나누어 버려요

오늘은 쓰레기를 버리는 날이에요.

"태윤아, 엄마 좀 도와줄래?"

엄마는 **캔**과 유리병 등을 담은 바구니를 들었어요.

나는 종이를 넣은 상자를 들었어요.

아파트 뒤뜰에 커다란 쓰레기통들이 놓여 있었어요.

'캔, 종이, 유리병, 플라스틱, 스티로폼' 등

쓰레기통마다 각각 이름이 쓰여 있었어요.

나는 음료수 캔을 '캔'이라고 쓰인 쓰레기통에 버렸어요.

딸기 잼 병은 '유리병'이라고 쓰인 통에 버렸어요.

낱말쏙쏙

❀ **캔**

먹을거리를 담아 두는,
쇠붙이로 만든 통을 뜻하는
말이에요.

92

"그냥 한꺼번에 버리면 편할 텐데."
나는 귀찮아서 투덜댔어요.
"종류별로 나누어 버려야 **재활용**할 수 있어."
엄마가 빙그레 웃으며 말씀하셨어요.
"버린 유리병들은 새 유리병을 만드는 데 다시 쓰여.
유리병처럼 종이나 캔도 다시 쓰이지."
엄마는 재활용 쓰레기를 나누어 버리면
쓰레기를 줄일 수 있다고 하셨어요.
엄마의 말씀을 듣고 나니
쓰레기를 나누어 버리는 일이 하나도 귀찮지 않았어요.
그리고 환경을 보호한 것 같아서 마음이 뿌듯했어요.

낱말쏙쏙
✿ **재활용**
다 쓰거나 못 쓰게 된 물건을
다시 쓴다는 말이에요.

93

글의 내용을 생각하면서 문제를 풀어 보세요.

1 태윤이는 엄마를 도와서 무엇을 하였나요? 알맞은 그림을 찾아 ○표 해 보세요.

장을 보았어요.

청소를 했어요.

쓰레기를 버렸어요.

빨래를 널었어요.

2 태윤이가 투덜댄 까닭은 무엇인가요? 알맞은 것을 찾아 ○표 해 보세요.

쓰레기에서	쓰레기가	쓰레기를
냄새가 나서	너무 무거워서	나누어 버리는 일이 귀찮아서

3 쓰레기를 종류별로 나누어 버리면 어떤 점이 좋은가요? 바르게 말하지 <u>않</u><u>은</u> 친구를 찾아 ◯표 해 보세요.

새 물건을
만드는 데 다시
사용할 수 있어요.

한꺼번에
쓰레기를 없앨 수
있어요.

쓰레기의
양을 줄일 수
있어요.

4 태윤이는 엄마의 말씀을 듣고, 어떤 생각을 했나요? 알맞은 것을 모두
찾아 ◯ 안에 색칠해 보세요.

쓰레기를 버릴 곳이 없어서 걱정이야.

쓰레기를 나누어 버리는 일이 귀찮지 않아.

환경을 보호한 것 같아서 마음이 뿌듯해.

낱말의 뜻을 생각하면서 문제를 풀어 보세요.

1 둘 중에서 알맞은 문장 부호를 찾아 색칠해 보세요.

태윤아 [,] ["]

엄마 좀 도와줄래 [.] [?]

2 [ ] 안에 알맞은 말을 보기 에서 찾아 쓰세요.

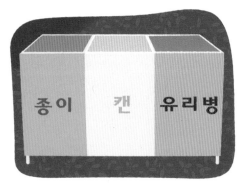

종이   캔   유리병

쓰레기통 [   ]
각각 이름이 쓰여 있어요.

유리병 [   ]
종이나 캔도 다시 쓰여요.

보기   부터   처럼   마다   보다

3 다음 그림을 바르게 나타낸 문장을 찾아 ◯표 해 보세요.

나누어 버려요.

캔을 담아요.

한꺼번에 버려요.

유리병을 닦아요.

한꺼번에 벗어요.

유리병을 담아요.

4 (   ) 안의 낱말들을 써넣어 문장을 완성해 보세요.

(넣은 / 종이를)

나는 ⬚ ⬚

상자를 들었어요.

(빙그레 / 웃으며)

엄마가 ⬚ ⬚

말씀하셨어요.

'다지기 마당'은 이번 마당에서 읽은 글을 다시 한 번 읽어 보면서 독해력과 어휘력을 다지는 시간입니다. 글과 문제를 꼼꼼히 읽고, 알맞은 답을 찾아보세요.

🌸 다음 글을 읽고, 물음에 답해 보세요.

"너는 누구니?" 현걸이가 깜짝 놀라 물었어요.
"나는 띠리띠야. 먼 우주에서 왔어."
띠리띠는 새로 살 곳을 찾아다니고 있다고 했어요.
띠리띠의 눈에서 빛이 나오더니
회색 하늘 아래 검정 강이 흐르는 영상이 나타났어요.
"내가 살던 별이야. 이젠 아무것도 살 수 없어.
물도, 공기도, 땅도 다 더러워졌거든."
띠리띠는 슬픈 표정을 지었어요.

1 띠리띠가 살던 별에 대해 바르게 말한 것을 찾아 ○표 해 보세요.

| 아름다운 곳이에요. | 물, 공기, 땅이 더러워졌어요. | 지구에서 무척 가까워요. |

2 ⬚ 안에 알맞은 말을 보기 에서 찾아 써 보세요.

이곳에서는 아무것도 살 수 ⬚ .

보기   않아   못해   없어   안 돼

✿ 다음 글을 읽고, 물음에 답해 보세요.

그래서 음식물 쓰레기는 땅속에 묻거나 불로 태워요.
그런데 땅속에 묻으면 땅이 더러워져요.
불로 태우면 안 좋은 연기가 나와서 공기가 더러워져요.
환경을 지키기 위해서 음식을 남기지 말아야 해요.
내 밥그릇을 싹 비워야 지구도, 내 몸도 건강해진답니다.

3 음식물 쓰레기를 땅속에 묻거나 불태우면 무엇이 더러워지나요? 알맞은 것을 모두 찾아 ○표 해 보세요.

땅   바다   공기   집

4 다음 그림을 보고, 뜻이 반대되는 말을 찾아 색칠해 보세요.

채우다

키우다

없애다

비우다

✿ 다음 글을 읽고, 물음에 답해 보세요.

요즘 난 걱정거리가 생겼어.
내가 사는 북극의 얼음이 녹고 있거든.
북극은 무척 추운 곳이야.
거대한 얼음 덩어리로 뒤덮여 있지.
내가 얼음 위를 어슬렁거리며 걷는 모습을
너희도 텔레비전에서 본 적이 있을 거야.

5 '나'가 사는 곳은 어디인가요? 알맞은 곳을 찾아 ◯표 해 보세요.

사막	남극	숲	북극

6 문장에서 틀린 곳을 찾아 ✗표 하고, ⬚ 안에 바르게 고쳐 써 보세요.

얼음이 찢어져요.

.

어슬렁거리며 누워요.

.

100

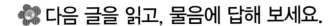

✿ 다음 글을 읽고, 물음에 답해 보세요.

아파트 뒤뜰에 커다란 쓰레기통들이 놓여 있었어요.
'캔, 종이, 유리병, 플라스틱, 스티로폼' 등
쓰레기통마다 각각 이름이 쓰여 있었어요.
나는 음료수 캔을 '캔'이라고 쓰인 쓰레기통에 버렸어요.
딸기 잼 병은 '유리병'이라고 쓰인 통에 버렸어요.
"그냥 한꺼번에 버리면 편할 텐데."
나는 귀찮아서 투덜댔어요.
"종류별로 나누어 버려야 재활용할 수 있어."
엄마가 빙그레 웃으며 말씀하셨어요.

종이　캔　유리병

7 '나'는 쓰레기를 어떻게 버렸나요? ⬚ 안에 알맞은 말을 이 글에서 찾아 쓰세요.

종류별로 ⬚ 버렸어요.

8 밑줄 친 말과 같은 뜻으로 쓰인 말을 찾아 ○표 해 보세요.

딸기 잼 **병**은 '유리병'이라고 쓰인 통에 버렸어요.

병이 깨졌어요.

병이 났어요.

쓰레기를 바르게 버려요!

각각의 재활용 쓰레기통에 버려야 하는 재활용 쓰레기를 알맞게 연결해 보는 놀이예요.

❀ 집에서 재활용 쓰레기를 모아 왔어요. 재활용 쓰레기는 종류에 따라 나누어 버려야 해요. 각각의 재활용 쓰레기 통에 버려야 하는 재활용 쓰레기를 찾아 바르게 연결해 보세요.

정보마당

지구를 부탁해!

사람들의 욕심 때문에 환경이 파괴되면서 지구가 아파하고 있어요. 우리는 사람과 동식물이 함께 살아가는 지구를 살려야 해요. 지구를 살릴 수 있는 물건들에 대해 알아보아요.

자전거

자전거는 두 다리의 힘만으로 움직일 수 있어요. 그래서 지구에 해를 끼치는 것을 아무것도 내보내지 않지요.

손수건

무엇인가를 닦을 때 쓰는 휴지는 나무로 만들어요. 나무는 공기를 맑게 해 주므로 조금 귀찮더라도 손수건을 써 보세요.

선풍기

에어컨 한 대가 쓰는 전기는 선풍기 삼십 대가 쓰는 전기와 같대요. 전기를 아끼는 빙글빙글 선풍기는 지구를 살리는 물건이에요.

빨랫줄

빨랫줄을 이용하면 전기의 힘을 쓰지 않고 햇빛과 바람의 힘만으로도 빨래를 잘 말릴 수 있어요.

바늘

찢어지고 떨어진 옷이나 물건을 바늘로 꿰매 주면 버리지 않고 계속 쓸 수 있어요. 그러면 쓰레기가 줄어들어서 환경을 살릴 수 있어요.

메모

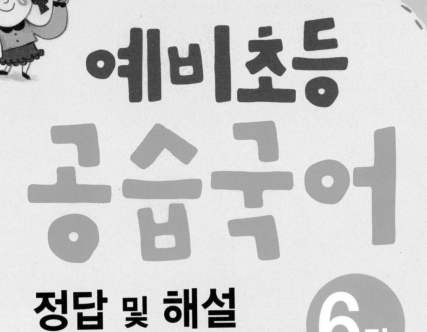

예비초등
공습국어

정답 및 해설

정답을 따로 떼어 내어 보관하고,
학습 지도 시 사용해 주세요.

6권

12-13 쪽

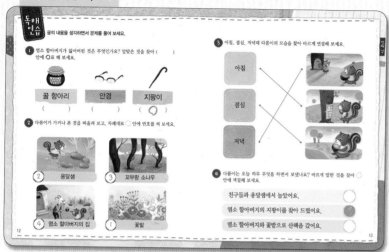

1. 염소 할아버지가 무엇을 잃어버렸는지 묻는 문제입니다. 다롬이는 나무에 붙어 있는 종이를 보고 염소 할아버지가 지팡이를 잃어버렸다는 것을 알게 되었습니다. 그리고 하루 종일 지팡이를 찾으러 다녔습니다.

2. 글의 내용을 정확하게 파악하고, 중심 인물이 가거나 본 것의 순서를 묻는 문제입니다. 다롬이는 꽃밭, 옹달샘에 차례로 갔지만 지팡이를 찾지 못했습니다. 그러다 꼬부랑 소나무에 걸린 지팡이를 찾아 염소 할아버지의 집으로 갔습니다. 아이가 이야기의 내용을 떠올려 가거나 본 것을 하나하나 생각해 낼 수 있도록 지도해 주세요.

3. 글의 전체 내용을 파악하고, 하루 동안 시간의 흐름에 따라 등장인물이 한 행동을 묻는 문제입니다. 하루를 아침, 점심, 저녁으로 나누어 다롬이가 각각의 때에 무엇을 하였는지 찾을 수 있도록 합니다. 아이가 문제를 잘 풀지 못하면 글을 다시 한 번 읽으면서 다롬이가 하루를 어떻게 보냈는지 차근차근 살펴보도록 지도해 주세요.

4. 글의 중심 내용을 파악하는 문제입니다. 다롬이는 시간의 흐름에 따라 여러 곳에 가고 여러 행동을 했습니다. 이러한 것들을 아울러 다롬이의 하루를 어떻게 정리할 수 있는지를 생각해 봅니다. 아이가 문제의 의도를 잘 파악하지 못할 수도 있습니다. 그럴 경우 아이가 오늘 하루를 떠올리게 하면서 '나는 오늘 ~을(를) 했어요.'라고 하루를 정리하는 말을 해 보도록 지도해 주세요.

14-15 쪽

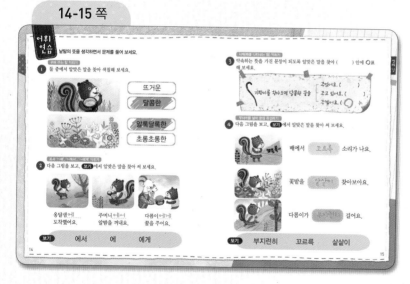

1. 그림의 내용에 알맞게 꾸며주는 말을 찾는 문제입니다. '초롱초롱한'은 별빛, 불빛 같은 것이 밝고 또렷한 모양을 나타내는 낱말입니다. 따라서 갖가지 빛깔로 피어 있는 꽃을 꾸며주는 말로 알맞지 않습니다. '달콤한', '뜨거운', '알록달록한', '초롱초롱한'을 넣어 아이가 직접 표현해 보도록 지도해 주세요.

2. '에게'는 사람이나 동물 뒤에 붙어 어떤 행동이 미치는 대상을 나타내는 말입니다. '에'와 '에서'는 장소를 나타내는 말입니다. '에'와 에서'를 혼동하여 쓰지 않도록 지도해 주세요. '도착하다'라는 동사는 '~에'와 함께 쓰인다는 것도 알려 주세요.

3. 시제를 배우는 문제입니다. 행동을 끝마쳤거나 어떤 일이 이미 일어났으면 과거, 지금 행동을 하고 있거나 일이 일어나고 있는 중이면 현재, 앞으로 할 행동이거나 일어날 일이면 미래라는 것을 잘 설명해 주세요.

4. 그림과 문장에 알맞은 부사어를 찾아 쓰는 문제입니다. '꼬르륵', '샅샅이', '부지런히'의 뜻이 무엇인지 생각해 보도록 지도해 주세요. 그리고 이야기에서 이 낱말이 쓰인 부분을 다시 찾아 읽으면서 낱말의 뜻과 쓰임을 익히도록 해 주세요.

2

18-19 쪽

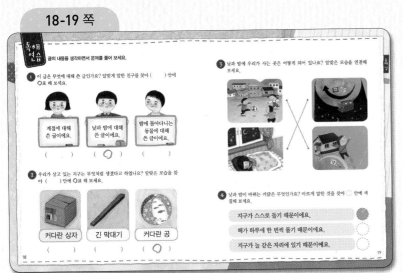

1. 글의 중심 글감을 파악하는 문제입니다. 설명하는 글에서는 제목에 중심 글감이 나타나는 경우가 많습니다. 이 글도 '낮과 밤은 왜 바뀔까?'라는 제목에서 낮과 밤이 바뀌는 까닭에 대해 설명한 글임을 알 수 있습니다. 아이가 글을 읽을 때 제목에도 관심을 가질 수 있도록 지도해 주세요.

2. 글의 세부 내용을 파악하는 문제입니다. 글의 앞부분에서 지구는 커다란 공처럼 생겼다고 했습니다. 지구가 스스로 '돈다'는 중요한 사실도 지구의 생긴 모습과 깊은 연관이 있습니다. 아이에게 지구의 모습과 함께 지구가 하루에 한 번씩 스스로 돈다는 내용도 확인시켜 주세요.

3. 글의 내용을 정확하게 이해하는 문제입니다. 밝은 낮과 어두운 밤에 지구의 상태가 어떠한지 글의 내용을 완전히 이해해야 풀 수 있는 문제입니다. 아이가 어려워할 수 있으므로 그럴 경우에는 글을 다시 한 번 함께 읽어 주세요.

4. 글의 중심 내용을 이해하는 문제입니다. 글에 나타나 있는 여러 과학적인 사실 중에 지구가 돈다는 사실이 낮과 밤이 바뀌는 까닭과 관련 있음을 이해할 수 있도록 잘 설명해 주세요. 그리고 주어진 답지 중 두 가지 오답의 내용을 아이와 함께 바로잡아 보세요.

20-21 쪽

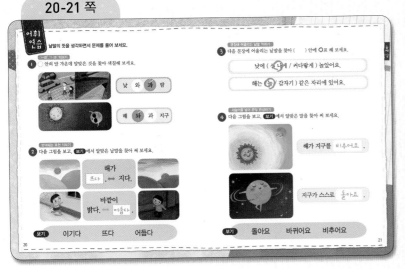

1. '와'와 '과'는 '그리고'나 '또'를 뜻하는 낱말입니다. '과'는 받침 있는 낱말 뒤에 붙고, '와'는 받침 없는 낱말 뒤에 붙는다는 차이점이 있습니다. 문제를 푼 뒤에 '돼지와 닭', '기린과 염소' 등 여러 가지 예를 들어 아이가 이러한 차이점을 이해할 수 있도록 지도해 주세요.

2. 반대되는 표현을 찾아보는 문제입니다. 해가 뜨는 모습과 지는 모습, 바깥이 밝은 모습과 어두운 모습을 보고, 낱말의 뜻을 자연스럽게 이해할 수 있도록 지도해 주세요.

3. 문장에 어울리는 낱말을 찾아보는 문제입니다. 아이가 각각의 낱말을 넣어서 문장을 읽었을 때 자연스럽게 읽히는 것을 고를 수 있도록 합니다. 그리고 낱말의 뜻을 확실히 알기 위해 '신 나게'와 '커다랗게', '늘'과 '갑자기'를 넣어 다른 문장을 만들어 보도록 지도해 주세요.

4. 알맞은 서술어를 써넣어 문장을 완성하는 문제입니다. 각 그림의 내용을 잘 살펴보고, 〈보기〉에서 알맞은 낱말을 고를 수 있도록 합니다. 한 번에 고르지 못하면 〈보기〉에 나오는 각각의 낱말을 넣어서 문장을 읽어 보고, 자연스럽게 읽히는 것을 고를 수 있도록 지도해 주세요. 그리고 글의 내용을 떠올려 보면서 어떤 서술어를 넣어야 맞는지도 생각해 보도록 지도해 주세요.

1. 글의 내용을 파악하는 문제입니다. 글의 앞부분에 아영이가 너무 아파서 훌쩍훌쩍 울었다는 내용이 있습니다. 이것이 아영이가 잠에서 깬 까닭이 됩니다. 아이가 아영이가 잠에서 깬 것과 아픈 것을 연결하여 생각할 수 있도록 지도해 주세요.

2. 글의 내용을 정확하게 파악하는 문제입니다. 아영이가 아빠와 함께 간 곳이 어디어디인지를 먼저 떠올리고 그 차례를 정리해 봅니다. 아이가 정확하게 차례를 알지 못하면 글을 다시 한 번 읽고, 내용을 이해할 수 있도록 지도해 주세요.

3. 글의 전체 내용을 파악하는 문제입니다. 아영이는 병원, 주유소, 편의점에서 밤에 일하는 사람들을 보았습니다. 아이가 글 속의 인물이 무엇을 보았는지 모두 찾을 수 있도록 합니다. 밤에 일하는 사람에 대해 아이가 알고 있는 것과 글 속 인물이 본 것을 혼동하지 않도록 지도해 주세요.

4. 글의 중심 생각을 이해하는 문제입니다. 이 글에는 아영이가 아파서 밤에 깨어 있던 날에 보고 생각한 것이 나타나 있습니다. 모두가 자는 줄로만 알았던 깜깜한 밤에도 일하는 사람이 많다는 것이 아영이가 알게 된 내용입니다. 아이가 이것을 찾지 못하면 아영이의 생각과 느낌이 나타난 글의 뒷부분을 다시 한 번 읽어 보고 이해할 수 있도록 지도해 주세요.

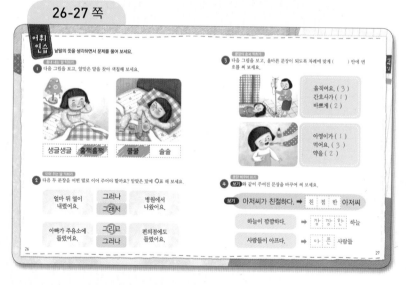

1. '생글생글'은 즐거운 표정으로 소리 없이 귀엽게 웃는 모양을, '훌쩍훌쩍'은 자꾸 흐느끼어 우는 소리나 모양을 나타내는 말입니다. 그리고 '쿨쿨'은 곤하게 깊이 잠들었을 때 크게 숨쉬는 소리를, '솔솔'은 바람이 부드럽게 부는 모양을 나타내는 말입니다. 주어진 흉내 내는 말을 넣어 그림의 내용을 문장으로 만들어 보면서 알맞은 말을 찾을 수 있도록 지도해 주세요.

2. 알맞은 이어주는 말을 찾아보는 문제입니다. '그래서'는 앞의 문장이 뒤 문장의 원인이나 근거, 조건이 될 때 쓰입니다. '그리고'는 대등한 두 문장을 나란히 놓을 때 쓰이며, '그러나'는 앞 문장과 뒤 문장의 내용이 서로 상반될 때 쓰입니다. 각각의 이어 주는 말을 넣어 문장을 이어 읽었을 때 자연스럽게 읽히는 것을 고를 수 있도록 지도해 주세요.

3. 문장의 순서를 익히는 문제입니다. '주어+부사어+서술어', '주어+목적어+서술어'의 순서로 되어야 올바른 문장이 됩니다. '바쁘게 간호사가 움직여요.'도 틀린 문장은 아니지만, '간호사가 바쁘게 움직여요.'가 더 자연스러운 문장이라는 것을 알려 주세요.

4. 서술어를 꾸며 주는 말로 바꾸어 쓰는 문제입니다. 서술어를 꾸며 주는 말로 바꿀 때에는 'ㄴ'이 붙습니다. 〈보기〉를 잘 보고, 아이가 스스로 바꾸어 쓸 수 있도록 지도해 주세요.

30-31 쪽

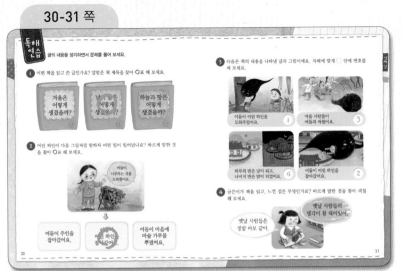

1. 글의 글감과 특징을 파악하는 문제입니다. 이 글은 "낮과 밤은 어떻게 생겼을까?"라는 책을 읽고 쓴 독서 감상문입니다. 독서 감상문을 읽을 때에는 가장 먼저 어떤 책을 읽고 쓴 글인지 파악하도록 합니다. 그리고 아이가 글의 제목과 책의 제목을 혼동하지 않도록 지도해 주세요.

2. 글의 세부 내용을 이해하는 문제입니다. 어린 하인이 주인에게 어둠이 도와준 사실을 말하자, 어둠이 화가 나서 어린 하인을 잡아갔습니다. 이야기에서 어떤 일이 원인이 되어 어떤 일이 벌어지는지를 잘 살피며 이야기를 읽을 수 있도록 지도해 주세요.

3. 글의 전체 내용을 파악하는 문제입니다. 글쓴이가 읽은 옛이야기의 내용을 떠올리면서 그것을 차례대로 정리할 수 있도록 합니다. 아이가 헷갈려하는 부분이 있으면 관련된 부분을 다시 한 번 읽고 문제를 해결할 수 있도록 지도해 주세요.

4. 글쓴이가 글을 읽고 느낀 점을 알아보는 문제입니다. 독서 감상문에는 책의 내용뿐만 아니라, 글쓴이의 생각이나 느낌 등이 나타납니다. 글쓴이는 지구가 도는 과학적인 이유를 모르는 옛날 사람들이 '낮과 밤이 어떻게 생겼을까?'라는 이야기를 지은 것을 재미있게 생각하고 있습니다. 아이가 글쓴이가 읽은 책의 내용과 글쓴이의 생각이나 느낌을 글 속에서 구별할 수 있도록 지도해 주세요.

32-33 쪽

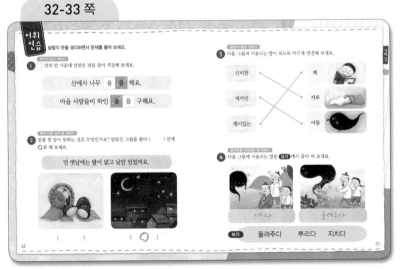

1. '을'과 '를'은 어떤 행동의 대상이나 목적임을 나타내는 목적격 조사입니다. '을'은 받침 있는 낱말 뒤에 붙고, '를'은 받침 없는 낱말 뒤에 붙는다는 차이점이 있습니다. '을'과 '를'을 번갈아 넣어 보고, 무엇을 넣었을 때 문장이 자연스럽게 읽히는지를 알 수 있도록 지도해 주세요.

2. 동음이의어를 익히는 문제입니다. 우리말에는 소리가 같지만 뜻이 다른 낱말들이 있다는 것을 알려 주세요. 그리고 문장 속에 '낮'이 나온 것으로 보아 '밤'이 먹는 밤이 아니라 깜깜한 밤의 뜻으로 쓰였다는 점을 아이가 알아차릴 수 있도록 지도해 주세요.

3. 명사를 꾸며 주는 알맞은 형용사를 찾는 문제입니다. 그림을 보고, 주어진 명사에 어울리는 꾸며 주는 말은 무엇인지 생각해 봅니다. 문제를 푼 뒤에 '새하얀 가루', '무서운 어둠' 등 각각의 명사를 꾸며 주는 다른 말들을 생각해 보는 활동을 해 보세요.

4. 그림에 어울리는 동사를 찾아 쓰는 문제입니다. 그림의 내용이 무엇인지 아이가 말하게 해 보고, 그것을 표현할 수 있는 낱말을 〈보기〉에서 찾게 합니다. 문제를 푼 후에는 동사를 넣어 그림의 내용을 문장으로 표현해 보도록 지도해 주세요.

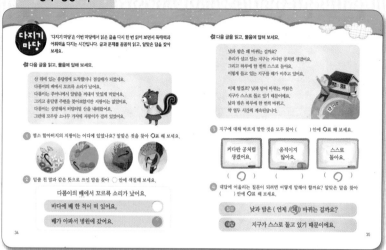

34-35 쪽

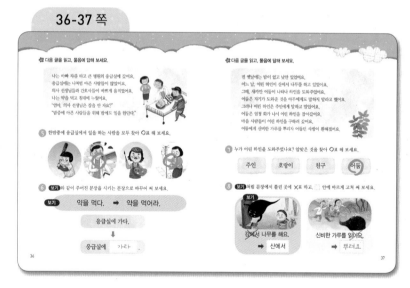

36-37 쪽

1. 글의 세부 내용을 파악하는 문제입니다. 다롬이는 실망해서 산을 내려오다가 꼬부랑 소나무에 지팡이가 걸려 있는 것을 보았습니다. 글의 내용을 알맞게 표현한 그림을 찾을 수 있도록 지도해 주세요.

2. 동음이의어를 익히는 문제입니다. '배'라는 소리는 같지만, 뜻은 '몸에서 가슴과 다리 사이에 있는 부분'과, '물 위에 떠서 사람이나 짐을 실어 나르는 탈것'으로 구별됩니다. 아이가 문장의 내용을 통해 각각의 '배'가 어떤 뜻을 지닌 말인지 알아낼 수 있도록 지도해 주세요.

3. 글의 내용을 정확하게 이해하는 문제입니다. 글에 나와 있는 지구에 대한 정보를 잘 살펴보도록 합니다. 문제를 풀 때 글의 내용이 잘 기억나지 않으면, 글을 찬찬히 다시 한 번 읽을 수 있도록 지도해 주세요.

4. 묻는 말을 익히는 문제입니다. '언제'는 때를 묻는 말입니다. 이 말이 들어가는 물음에 대한 답을 할 때에는 때를 나타내는 말이 들어가야 합니다. '왜'는 이유를 묻는 말입니다. 그러므로 대답에는 까닭을 나타내는 말인 '~때문' 이 들어가야 합니다. 주어진 대답을 보고 알맞은 말을 찾을 수 있도록 지도해 주세요.

5. 글의 내용을 정확하게 파악하는 문제입니다. 아영이는 응급실에서 간호사와 의사들이 바쁘게 움직이는 모습을 보았습니다. 아이가 정답을 찾지 못하면 응급실이 무엇을 하는 곳인지 알려 주어 문제를 해결할 수 있도록 지도해 주세요.

6. 풀이하는 문장을 시키는 문장으로 바꾸어 써 보는 문제입니다. 시키는 문장은 '명령문'이라고도 합니다. 대개 시키는 문장은 '~라.'로 끝을 맺습니다. '밥 먹어라.'처럼 아이가 평소에 듣는 시키는 문장을 스스로 생각해 보게 하여 시키는 문장을 잘 이해할 수 있도록 지도해 주세요.

7. 글의 내용을 정확하게 이해하는 문제입니다. 어린 하인이 산에서 나무를 하고 있을 때 나타나 도와준 것은 어둠입니다. 호랑이, 친구는 이야기 속에 나오지 않습니다. 아이가 문제를 정확하게 파악할 수 있도록 지도해 주세요. 아무리 쉬운 문제라도 문제의 내용을 잘 파악하지 못하면 답을 찾기 힘들 수도 있기 때문입니다.

8. 그림의 내용과 맞지 않는 부분을 고쳐 쓰는 문제입니다. 그림을 잘 보고 문장이 그림을 올바로 표현했는지 살펴보도록 합니다. 틀린 부분을 찾았으면, 어떻게 고쳐야 할지 아이가 알맞은 낱말을 떠올리도록 합니다. 선택한 낱말을 쓸 때에는 맞춤법에 맞게 쓰도록 지도해 주세요.

놀이마당

그림자를 찾아 주세요
사라진 그림자에 색깔을 칠하는 놀이예요.

❀ 환한 대낮에 놀이터에서 친구들이 재미있게 놀고 있어요. 그런데 그림자가 사라진 친구들이 있네요. 그림자의 모습을 잘 살펴보고 색칠해 보세요.

● 이 놀이 마당은 그림자를 색칠하면서 자연스럽게 그림자가 생기는 원리를 익히는 활동입니다.

빛은 곧게 나아가는 성질이 있는데, 불투명한 물체가 있으면 빛이 통과하지 못하게 되어 어두운 부분이 생기게 됩니다. 물체의 모양을 닮은 이 어두운 부분이 그림자입니다.
그림자는 빛이 오는 방향과 반대 방향에 생깁니다. 태양의 방향이 달라지면 그림자의 방향도 달라집니다.
따라서 하루 동안에 그림자의 방향은 태양의 위치에 따라 달라지지요.
또한 그림자는 태양의 고도에 따라 길이가 달라집니다. 고도가 낮은 아침과 저녁에는 길이가 길고, 고도가 높은 한낮에는 그림자의 길이가 짧습니다.

아이들은 자신을 따라다니는 그림자에 호기심을 느낍니다. 밤에 자기 키보다 더 큰 그림자를 보고 신기해하기도 하지요. 아이와 그림자를 색칠해 보는 활동을 하면서 그림자에 대해 자연스럽게 알려 주세요. 그리고 기회가 되면 그림자밟기놀이도 해 보세요. 그림자밟기놀이를 통해 상대방의 움직임과 모습대로 움직이는 그림자에 흥미를 느끼고, 그림자에 대한 과학적인 원리도 알 수 있답니다.

44-45 쪽

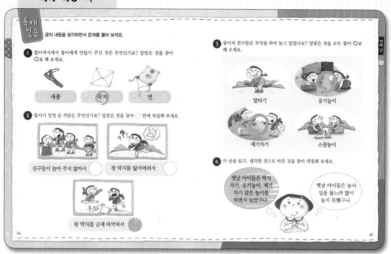

1. 글의 내용을 파악하는 문제입니다. 할아버지께서는 돌이에게 두꺼운 종이로 큰 딱지를 만들어 주셨습니다. 돌이는 이 딱지를 받고 신이 나서 딱지를 치러 나갔습니다. 딱지는 이야기의 중심 글감이 됩니다.

2. 인물이 한 행동의 까닭을 파악하는 문제입니다. 돌이는 석이와 딱지치기를 하다가 왕 딱지가 금세 뒤집히자 엉엉 울어 버렸습니다. 아끼는 왕 딱지를 석이에게 주어야 하기 때문이지요. 딱지치기의 규칙을 몰라도 글의 내용만으로 정답을 알 수 있습니다. 하지만 아이가 정답을 찾지 못한다면, 딱지치기의 규칙을 알려 주셔서 돌이의 마음을 좀 더 잘 이해할 수 있도록 지도해 주세요.

3. 글의 전체 내용을 파악하는 문제입니다. 돌이가 딱지치기를 할 친구를 찾아다닐 때 친구들은 제기차기, 공기놀이를 하고 있었습니다. 말타기와 소꿉놀이도 옛날 아이들의 놀이이지만, 이 이야기에서는 나오지 않습니다. 이야기의 전체 내용을 통해 옛날 아이들의 놀이가 무엇무엇이었는지 아이와 함께 짚어 봐 주세요.

4. 글의 중심 생각을 이해하는 문제입니다. 이 글은 돌이의 이야기를 통해 옛날 아이들이 어떤 놀이를 하면서 놀았는지를 알려 줍니다. 이야기를 읽으면서 돌이의 행동과 마음을 잘 이해할 뿐만 아니라 글의 의도를 정확하게 이해할 수 있도록 지도해 주세요.

46-47 쪽

1. 위치를 나타내는 말을 익히는 문제입니다. '옆', '아래', '위'의 뜻을 그림을 통해 정확히 이해할 수 있도록 지도해 주세요. 그리고 위치를 나타내는 말인 '안'과 '밖', '앞'과 '뒤' 등도 함께 알 수 있도록 지도해 주세요.

2. '다'는 '남거나 빠진 것이 없이 모두'라는 뜻입니다. 뜻이 비슷한 말로는 '모두', '전부' 등이 있습니다. 아이가 '조금', '모두', '빨리'를 각각 문장 속에 넣어 읽어보게 해 주세요. 그리고 아이 스스로 원래 문장과 뜻이 같은 문장을 찾도록 지도해 주세요.

3. 그림을 바르게 나타낸 문장을 찾는 문제입니다. '돌려주다'는 '빌리거나 뺏거나 받거나 한 것을 주인에게 도로 주다.'라는 뜻입니다. 또 '겨누다'는 '활이나 총 따위를 쏠 때 목표물을 향해 방향과 거리를 잡다.'라는 뜻입니다. 그림의 내용을 먼저 파악한 뒤 내용에 맞게 알맞은 목적어와 서술어가 쓰인 문장을 찾도록 지도해 주세요.

4. '~보다'가 들어가는 문장을 익히는 문제입니다. '보다'는 어떤 것을 다른 것과 비교하는 말입니다. 그림에서 돌이와 석이의 딱지 크기를 비교한 뒤 알맞은 말을 찾아 쓸 수 있도록 지도해 주세요. 그리고 '생쥐가 코끼리보다 작다.', '아빠가 엄마보다 크다.' 등 다른 문장들도 만들어 보고 '~보다'가 들어가는 문장을 정확히 익히도록 지도해 주세요.

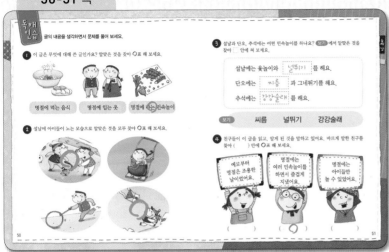

1. 글의 중심 글감을 파악하는 문제입니다. 주어진 글에서는 설, 단오, 추석 등 명절에 하는 민속놀이에 대해 알려주고 있습니다. 아이가 알맞은 답을 고르지 못하면, 글의 전체 내용을 함께 떠올려보고 무엇에 대해 썼는지 이해할 수 있도록 지도해 주세요.

2. 글의 내용을 정확하게 이해하는 문제입니다. 설날에는 윷놀이, 팽이치기, 연날리기, 널뛰기 등의 민속놀이를 합니다. 그림에서 설날에 하는 민속놀이를 찾으려면 민속놀이의 이름뿐만 아니라 민속놀이를 하는 모습도 이해해야 합니다. 아이가 각 민속놀이의 놀이 방법과 놀이 모습을 이해할 수 있도록 지도해 주세요.

3. 글의 전체 내용을 이해하는 문제입니다. 주어진 글 속에 나오는 여러 민속놀이가 각각 어떤 명절에 하는 것인지 구별하여 이해할 수 있도록 지도해 주세요.

4. 글의 중심 생각을 이해하는 문제입니다. 민속놀이는 가족과 마을 사람들이 모이는 명절을 더욱 즐겁게 해 줍니다. 명절과 민속놀이에 대해 쓴 글의 의도를 정확하게 이해할 수 있도록 지도해 주세요.

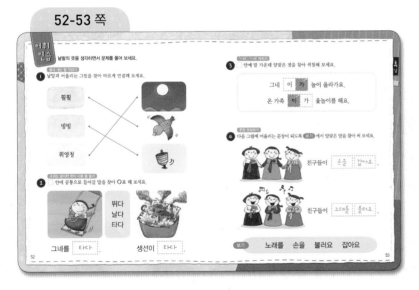

1. 흉내 내는 말을 익히는 문제입니다. '빙빙'은 정해진 테두리를 자꾸 도는 모양을, '휘영청'은 달빛이 환히 밝은 모양을, '훨훨'은 날개를 치며 시원스럽게 유유히 나는 모양을 나타내는 말입니다. 이 낱말을 넣어 문장을 만들어 보고, 아이가 낱말의 뜻과 쓰임을 정확하게 이해할 수 있도록 지도해 주세요.

2. 소리는 같지만 뜻이 다른 말을 익히는 문제입니다. '타다'에는 탈것, 동물의 등에 몸을 싣는다는 뜻과, 어떤 것이 불에 닿아 새카맣게 되거나 재로 변한다는 뜻이 있습니다. 아이들은 체언보다 용언의 동음이의어를 더 어려워합니다. 낱말의 뜻을 정확히 익히기 위하여 '버스를 타다.' 또는, '밥이 타다.'와 같이 다른 문장도 함께 만들어 보세요.

3. 주격 조사를 익히는 문제입니다. 받침이 있는 글자 뒤에는 '이', 받침이 없는 글자 뒤에는 '가'를 붙입니다. 아이가 '이'와 '가'를 혼동하여 사용하지 않도록 이 규칙을 잘 설명해 주세요.

4. 알맞은 목적어와 서술어를 써넣어 문장을 완성하는 문제입니다. 각 그림의 내용을 잘 살펴보고, 〈보기〉에서 알맞은 낱말을 고를 수 있도록 합니다. 이때 문장을 이루는 순서는 '목적어+서술어'가 됩니다. 알맞은 낱말을 고르고, 문장의 순서를 바르게 쓸 수 있도록 지도해 주세요.

1. 시를 읽고 떠오르는 장면을 찾는 문제입니다. 시의 전체 내용을 잘 파악해야 시의 내용과 분위기에 어울리는 장면을 떠올릴 수 있습니다. 따라서 제시된 시를 여러 번 읽어 볼 수 있게 지도해 주세요. 또한 시를 읽을 때 장면을 떠올리면서 읽으면 시의 느낌과 분위기를 더욱 잘 이해할 수 있음을 알게 해 주세요.

2. 시의 내용을 파악하는 문제입니다. 2연 '우리 말이 잡힐까 봐 / 가슴이 콩닥' 부분을 보면 정답을 찾을 수 있습니다. 시는 이야기와 달리 짧게 표현합니다. 짧은 표현 안에서 시의 내용을 파악해야 하므로 아이가 어려워할 수 있습니다. 아이가 정답을 찾지 못하면 문제와 관련된 부분을 다시 한 번 읽고, 내용을 이해할 수 있도록 지도해 주세요.

3. 시의 내용을 파악하는 문제입니다. 2연의 3, 4행이 문제와 관련된 부분입니다. 말이 잡힐 것 같은 상황에서 윷과 모가 나오라고 응원하는 내용입니다. 아이가 이러한 내용을 이해할 수 있도록 지도해 주세요. 그리고 주어진 말들 중 윷놀이 하는 상황과 어울리는 것을 찾도록 해 주세요.

4. 시의 중심 생각을 이해하는 문제입니다. 이 시는 온 가족이 즐겁게 윷놀이하는 모습을 표현한 시입니다. 어울리는 장면을 떠올리거나 느낌을 살려 시를 읽어 보면서, 글쓴이가 시를 통해 나타내고자 하는 것이 무엇인지 이해할 수 있게 지도해 주세요.

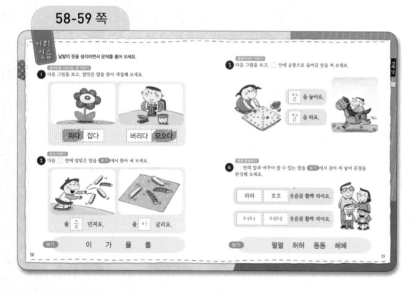

1. 움직임을 나타내는 말을 익히는 문제입니다. '피다'는 '꽃잎이 벌어지거나 잎이 돋다.', '모으다'는 '한데 합치다.'라는 뜻입니다. 아이가 각 그림의 내용을 먼저 파악한 뒤, 주어진 낱말 중에서 알맞은 것을 찾을 수 있도록 지도해 주세요. 그리고 '피다'와 '모으다'를 넣어 문장을 만들어 보면서 낱말의 뜻을 정확히 익힐 수 있도록 지도해 주세요.

2. 알맞은 주격 조사와 목적격 조사를 찾아 써 보는 문제입니다. 주어진 조사를 각각 문장 안에 넣고 자연스러운 문장이 무엇인지 찾도록 지도해 주세요. 그리고 '던져요' 앞에선 '윷'이 주어가 아니라 목적어가 됨을, '굴러요.' 앞에선 '윷'이 주어가 됨을 아이에게 잘 설명해 주세요.

3. 소리는 같지만 뜻이 다른 낱말을 익히는 문제입니다. 이러한 말은 낱말 자체로는 그 뜻을 알기 어렵지만, 문장에서는 그 뜻을 쉽게 파악할 수 있습니다. '말'은 윷놀이할 때 말판 위에서 옮기는 작은 물건과 동물 말을 뜻하는 낱말입니다. 그림과 주어진 문장을 통해 공통으로 들어갈 낱말이 '말'임을 아이가 생각해 낼 수 있도록 지도해 주세요.

4. 주어진 말과 비슷한 뜻의 흉내 내는 말을 찾아보는 문제입니다. 웃음꽃이 활짝 피었다는 내용에 어울리려면 웃는 모습이나 소리를 흉내 내는 말이 들어가야 합니다. 주어진 흉내 내는 말들 중에서 웃는 모습이나 소리를 흉내 내는 말을 찾을 수 있게 지도해 주세요.

62-63 쪽

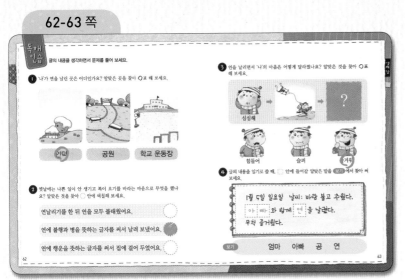

1. 글의 내용을 정확하게 파악하는 문제입니다. 글쓴이는 아빠와 연을 날리러 야트막한 언덕으로 갔습니다. 아이가 글의 내용을 대강 이해했다면 정답을 쉽게 찾을 수 없을 것입니다. 그럴 경우 다시 한 번 글을 읽으며 관련된 내용을 확인해 주세요. 그리고 글을 꼼꼼하게 읽어야 함을 지도해 주세요.

2. 글의 내용을 정확하게 파악하는 문제입니다. 아빠는 글쓴이에게 연날리기에 담긴 뜻을 말씀해 주셨습니다. 아이가 이 부분의 내용을 잘 이해하지 못한다면 찬찬히 설명해 주세요. 연에 써서 날린 불행과 병을 뜻하는 글자는 '厄'(재앙 액)입니다. 아이가 궁금해하면 덧붙여 알려 주세요.

3. 인물의 마음을 파악하는 문제입니다. 글쓴이는 심심했다가 연을 날리면서 즐거운 마음이 되었습니다. 인물이 등장하는 글을 읽을 때에는 인물이 한 일과 함께 인물의 마음을 이해하는 것이 중요합니다. 아이에게 '너라면 이럴 때 마음이 어땠겠니?'라는 질문을 던지며 인물의 마음을 느낄 수 있도록 지도해 주세요.

4. 글의 중심 내용을 파악하는 문제입니다. 연날리기한 날 글쓴이가 일기를 쓴다면 어떤 내용으로 썼을지 아이와 함께 생각해 보세요. 그러고 나서 주어진 글을 읽으면 빈칸에 알맞은 말을 찾아 쓰기가 한결 쉬울 것입니다.

64-65 쪽

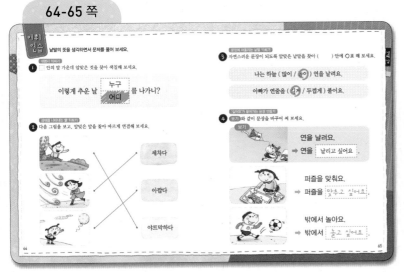

1. 대명사를 익히는 문제입니다. '누구'는 사람을 가리키는 대명사이고, '어디'는 장소를 가리키는 대명사입니다. 주어진 문장에 '어디'와 '누구'를 넣어 읽고 자연스러운 문장을 찾도록 합니다. 그리고 '어디에 가니?', '누구를 만나니?' 등 다른 문장들도 만들어 보면서 낱말의 뜻과 쓰임을 확실하게 구별하여 익힐 수 있도록 지도해 주세요.

2. '아깝다'는 '소중히 여기는 것을 잃어 섭섭하거나 서운한 느낌이 있다.', '세차다'는 '기세나 형세 따위가 힘 있고 억세다.', '야트막하다'는 '조금 얕은 듯하다.'라는 뜻을 가진 형용사입니다. 아이가 각 그림의 내용을 파악하여 알맞은 낱말을 찾으면 각 낱말의 뜻을 다시 한 번 자세히 알려 주세요.

3. 문장에 알맞은 부사어를 찾는 문제입니다. 부사어는 '높이 날려요.', '길게 풀어요.'와 같이 서술어를 꾸며 주는 말입니다. 주어진 두 개의 낱말을 각각 넣어 문장을 읽어 보고 자연스러운 문장을 찾아 문제를 해결할 수 있도록 지도해 주세요.

4. '싶어요'가 들어가는 문장을 익히는 문제입니다. '싶어요'는 '무엇을 하려고 하는 마음이 있다.'는 뜻으로, '~고' 뒤에 쓰입니다. '맞춰요.→맞추고 싶어요.', '먹어요.→먹고 싶어요.', '배워요→배우고 싶어요.' 등 다양하게 활용해 보면서 아이가 문장을 바르게 만들 수 있도록 지도해 주세요.

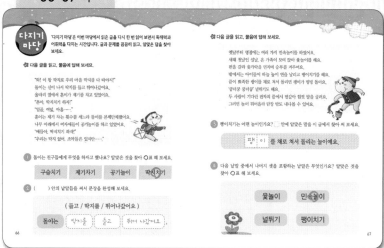

1. 인물이 한 일을 파악하는 문제입니다. 돌이는 딱지를 들고 나가서 친구들에게 딱지치기를 하자고 말하였습니다. 주어진 답지 중 제기차기와 공기놀이는 친구들이 하고 있던 놀이입니다. 문제를 제대로 읽지 않으면 친구들이 하고 있는 놀이를 답으로 찾을 수 있습니다. 아이가 문제를 정확하게 읽고 답을 찾을 수 있도록 지도해 주세요.

2. 낱말들을 순서에 맞게 배열하여 문장을 완성하는 문제입니다. 아이와 함께 ( ) 안의 세 낱말의 순서를 바꾸어 문장을 만들고 읽어 보세요. 그리고 어떤 문장이 자연스럽고 바른 문장인지 아이가 스스로 찾을 수 있도록 지도해 주세요.

3. 글의 내용을 파악하는 문제입니다. 〈보기〉가 없고 글에서 직접 찾아 쓰는 문제여서 아이가 어렵게 느낄 수 있습니다. 팽이치기에 대해 설명한 부분을 다시 한 번 읽어 보고 '팽이'라는 낱말을 써넣을 수 있도록 지도해 주세요.

4. 민속놀이는 옛날부터 사람들 사이에 전하여 내려오는 놀이를 뜻하는 말입니다. 윷놀이, 널뛰기, 팽이치기는 민속놀이에 속하는 놀이들입니다. 이처럼 우리말에는 포함 관계에 있는 낱말들이 있습니다. 아이가 보다 큰 의미를 가진 낱말과 그것에 속하는 종류의 낱말을 구별할 수 있도록 지도해 주세요.

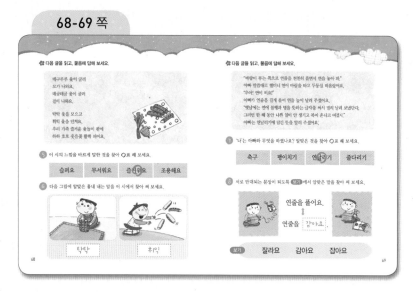

5. 시가 주는 느낌을 찾아보는 문제입니다. 이 시는 온 가족이 함께 모여 즐겁게 윷놀이하는 모습이 잘 나타난 시입니다. 특히 마지막 연에 윷놀이 판의 즐거운 분위기가 잘 나타나 있습니다. 윷놀이한 경험과 관련지어 시가 주는 느낌을 알 수 있게 지도해 주세요.

6. 알맞은 흉내 내는 말을 찾아보는 문제입니다. '탁탁'은 윷을 모으느라 윷가락을 바닥에 치는 소리를, '휘익'은 윷을 던지는 모양을 흉내 내는 말입니다. 흉내 내는 말의 느낌을 잘 살려 시를 소리 내어 읽어 보고 아이 스스로 문제를 해결할 수 있도록 지도해 주세요.

7. 인물이 한 일을 파악하는 문제입니다. 글을 읽고 떠오르는 장면이 무엇인지 생각하면 쉽게 답을 찾을 수 있습니다. 그리고 '나'와 아빠의 대화 내용이 무슨 놀이와 관련된 것인지도 생각해 보도록 지도해 주세요.

8. 뜻이 반대되는 낱말을 찾아 쓰는 문제입니다. '풀다'는 묶거나 감은 것을 원래 상태로 되게 한다는 말입니다. '감다'는 실이나 끈을 무엇에 감거나 빙 두른다는 말입니다. 아이에게 각 낱말의 뜻을 알려 주고, 얼레에 연줄을 감거나 풀면 연이 어떤 상태가 되는지도 알려 주세요. 그리고 '풀다'와 '감다'를 넣어 다양한 문장을 만들어 보면서 아이가 어휘력을 높일 수 있도록 지도해 주세요.

70 쪽

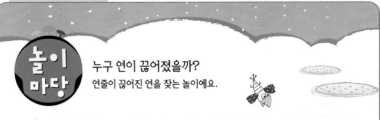

놀이 마당

누구 연이 끊어졌을까?
연줄이 끊어진 연을 찾는 놀이예요.

바람이 쌩쌩 부는 겨울날, 친구들이 즐겁게 연을 날리고 있어요. 그런데 연하나가 연줄이 끊겨 하늘로 날아가고 있어요. 엉켜 있는 연줄을 잘 살펴보고, 누구의 연이 끊어졌는지 찾아보세요.

70

● 이 놀이 마당은 어떤 아이의 연줄이 끊어졌는지 찾는 활동입니다.

아이들이 들고 있는 얼레부터 시작해서 연줄을 쭉 따라가 보도록 해 주세요.
그러면 가운데에 있는 아이의 연줄이 중간에 끊어져 있는 걸 발견할 수 있을 것입니다.
연줄이 서로 어지럽게 엉켜있어 헷갈릴 수 있으니 서두르지 말고 천천히 찾을 수 있도록 해 주세요.

아울러 시간이 된다면 아이와 직접 연을 만들어서 날려 보세요. 넷째 날 글에서처럼 액막이 글을 적어 날려 보내는 것도 좋겠죠.

76-77 쪽

1. 인물에 대해 이해하는 문제입니다. 띠리띠는 먼 우주에서 새로 살 곳을 찾아 지구에 왔습니다. 현결이가 띠리띠에게 누구냐고 물었을 때 띠리띠가 대답하는 부분을 보면 알 수 있습니다. 띠리띠가 누구인지 알아야 글의 전체 내용을 제대로 이해할 수 있습니다. 아이가 이 부분을 확실하게 이해할 수 있도록 지도해 주세요.

2. 글의 내용을 정확하게 파악하는 문제입니다. 띠리띠의 별은 물, 공기, 땅이 모두 더러워져 아무것도 살 수 없다고 했습니다. 주어진 두 개의 그림이 어떤 모습을 표현한 것인지 아이에게 말해 보게 하세요. 그리고 띠리띠의 별은 어떤 상태인지 글의 내용을 확인하면서 문제를 해결할 수 있도록 지도해 주세요.

3. 글의 전체 내용을 파악하는 문제입니다. 글의 전체 흐름을 알아야 해결할 수 있는 문제입니다. 띠리띠는 처음에는 띠리띠가 살던 별의 모습을, 그다음에는 더러워진 지구의 모습을 보여 주었습니다. 아이가 문제를 잘 풀지 못하면 "현결이가 지구에서 함께 살자고 했더니 띠리띠가 어떻게 했지?"라고 질문하면서 글의 내용을 생각해 낼 수 있도록 지도해 주세요.

4. 글의 중심 생각을 파악하는 문제입니다. 이 글은 살던 별의 환경이 파괴되어 새로 살 곳을 찾아다니는 띠리띠를 통해, 지구의 아름다운 환경을 지켜야 한다는 것을 말하고 있습니다. 아이가 글의 중심 생각을 자연스럽게 파악할 수 있도록 지도해 주세요.

78-79 쪽

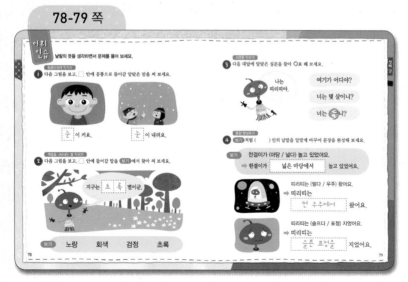

1. 동음이의어를 익히는 문제입니다. '눈'은 하늘에서 내리는 눈과 얼굴에 있는 감각 기관인 눈의 두 가지 뜻이 있습니다. 그림의 내용을 먼저 파악한 후, 빈칸에 알맞은 말을 쓸 수 있도록 지도해 주세요.

2. 색깔을 나타내는 말을 익히는 문제입니다. 이 글의 제목처럼 흔히 지구를 '초록 별'이라고 합니다. 색깔을 나타내는 말들 중 알맞은 것을 찾는 데서 나아가, 지구를 초록 별이라고 부르는 까닭을 아이와 함께 생각해 보세요.

3. 대답을 보고 알맞은 질문을 찾는 문제입니다. 아이가 문제를 잘 풀지 못하면 주어진 세 개의 질문을 읽어 주고, 그에 대해 아이가 직접 대답하게 해 보세요. 그러고 나서 각각의 질문이 장소, 나이, 이름을 묻는 질문임을 알려 주면서 의문문의 형태를 익히도록 지도해 주세요.

4. 주어진 낱말의 형태를 알맞게 바꾸어 문장을 완성하는 문제입니다. 먼저, 〈보기〉를 잘 설명하여 문제의 의도를 아이가 이해할 수 있게 해 주세요. 그리고 ( ) 안의 낱말이 어떤 형태로 바뀌어야 하는지, 명사에는 어떤 조사가 붙어야 하는지 아이와 함께 차근차근 생각해 보세요. 문장을 완성한 뒤에는 소리 내어 읽어 보면서 문장이 바르고 자연스러운지 확인해 보세요.

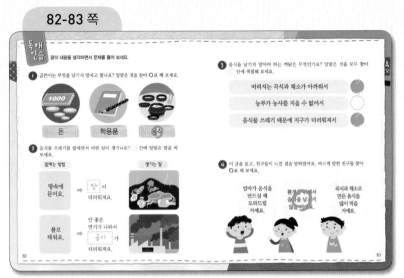

1. 글쓴이의 생각을 파악하는 문제입니다. 이 글은 알맞은 까닭을 들어 음식을 남기지 말자는 주장을 내세우는 글입니다. 주장하는 글에서는 제목에 글쓴이의 생각(주장)이 나타나는 경우가 많습니다. 아이가 글을 읽을 때 제목에도 관심을 가질 수 있도록 지도해 주세요.

2. 글의 세부 내용을 파악하는 문제입니다. 음식물 쓰레기를 없애는 과정에서 지구가 더러워진다고 하였습니다. 아이가 구체적으로 무슨 일이 생기는지 이해하지 못하고 있다면 글에서 해당 부분을 다시 한 번 읽게 해 주세요.

3. 주장에 대한 까닭을 이해하는 문제입니다. 글쓴이는 이 글에서 두 가지 까닭을 들어 음식을 남기지 말자고 주장하였습니다. 하나는 힘들게 키운 곡식과 채소가 아깝게 버려진다는 것이고, 또 하나는 음식물 쓰레기를 처리하는 과정에서 지구가 더러워진다는 것입니다. 글쓴이가 자신의 생각을 내세우는 글에는 반드시 그 까닭이 나온다는 점을 아이에게 알려 주고, 그 내용을 이해할 수 있도록 지도해 주세요.

4. 글의 중심 생각을 이해하는 문제입니다. 글쓴이의 주장과 그것을 뒷받침하는 까닭을 잘 이해하였다면 정답을 찾을 수 있습니다. 문제를 푼 뒤에, 이 글을 읽고 느낀 점이 무엇인지 아이와 이야기를 나누어 보세요. 그 과정에서 이 글의 내용과 중심 생각을 확실하게 이해할 수 있을 것입니다.

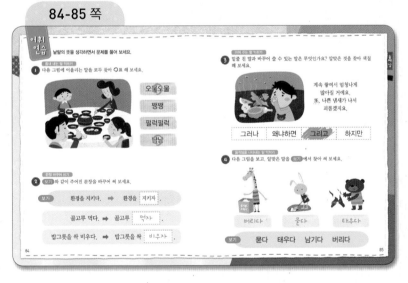

1. 그림에 알맞은 흉내 내는 말을 찾는 문제입니다. 주어진 그림은 식구들이 밥을 먹는 상황입니다. '오물오물'은 음식물을 입안에 넣고 조금씩 씹는 모양을, '냠냠'은 음식을 맛있게 먹는 소리나 모양을 나타내는 말입니다. '쨍쨍'은 햇빛이 몹시 내리쬐는 모양을, '펄럭펄럭'은 바람에 힘차게 나부끼는 모양이나 소리를 나타내는 말입니다. 정답을 찾은 후, '오물오물'과 '냠냠'을 넣어 그림의 내용을 문장으로 만들어 표현해 보세요.

2. 풀이하는 문장을 권유하는 문장으로 바꾸어 쓰는 문제입니다. '~자'는 어떤 행동을 함께 하자는 뜻을 나타내는 말입니다. 주어진 용언을 '~자'를 넣어 바꾸면 어떤 뜻의 문장이 되는지 알려 주세요. 그리고 '비우다'를 '비자'로 잘못 바꾸지 않도록 지도해 주세요.

3. 이어 주는 말을 익히는 문제입니다. 두 문장은 '또'로 대등하게 연결되었습니다. 그러므로 이어 주는 말 '그리고'와 바꾸어 쓸 수 있습니다. 아이가 답을 쉽게 찾지 못하면 각각의 이어 주는 말을 넣어서 문장을 읽었을 때 자연스럽게 읽히는 것을 고를 수 있도록 해 주세요.

4. 움직임을 나타내는 말을 익히는 문제입니다. 각 그림에 나오는 동물들의 행동을 잘 살펴보고, 〈보기〉에서 알맞은 낱말을 고를 수 있도록 합니다. 그리고 '기린이 음식물 쓰레기를 버리다(버려요).'처럼 그 낱말을 넣어 그림의 내용을 문장으로 표현하게 해 주세요.

1. 편지를 쓴 사람과 편지를 받는 사람이 누구인지 파악하는 문제입니다. 편지는 가장 앞부분에 편지를 받는 사람이, 가장 끝 부분에 편지를 쓴 사람이 나온다는 것을 알려 주세요.

2. 글의 내용을 정확하게 파악하는 문제입니다. 북극곰은 북극의 얼음이 점점 녹는 것이 걱정거리라고 하였습니다. 이것이 북극곰에게 왜 큰일인지 글의 내용을 아이와 살펴보면서 설명해 주세요. 그리고 실제로도 지구 온난화 때문에 북극곰이 어려움에 처해 있다고 알려 주면 아이가 글의 내용을 좀 더 확실하게 이해할 수 있을 것입니다.

3. 글의 내용을 파악하는 문제입니다. 사람들이 환경을 파괴하여서 지구가 점점 더워지고, 그 때문에 북극의 얼음이 줄어들고 있다고 하였습니다. 주어진 답지의 오답이 어떤 점에서 잘못되었는지 살펴보면서 글의 내용을 정확하게 파악할 수 있도록 지도해 주세요.

4. 글의 중심 생각을 이해하는 문제입니다. 편지는 보낸 사람이 받는 사람에게 하고 싶은 말이 있을 때 쓰는 글입니다. 그것이 글의 중심 생각이 됩니다. 북극곰은 아이들에게 환경을 보호해 달라는 말을 하고 싶어서 편지를 썼습니다. 아이에게 '북극곰이 왜 어린이들에게 편지를 썼을까?'라는 질문을 하면서 정답을 찾도록 유도해 주세요.

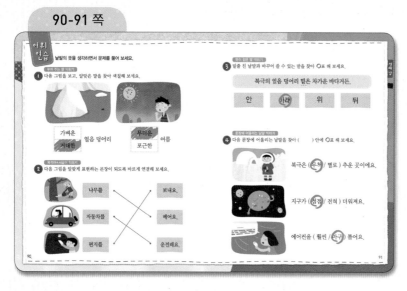

1. 알맞은 꾸며 주는 말을 찾는 문제입니다. '거대한'은 엄청나게 크다는 뜻입니다. '무더운'은 견디기 어려울 만큼 무척 덥다는 뜻입니다. 주어진 꾸며 주는 말을 넣어 그림의 내용을 문장으로 만들어 보면서 알맞은 말을 찾을 수 있도록 지도해 주세요.

2. '목적어+서술어' 구조의 문장을 익히는 문제입니다. 먼저 그림의 내용을 파악한 후, 각각의 목적어에 알맞은 서술어를 찾도록 합니다. 아이가 문제를 잘 풀지 못하면, 하나의 목적어에 세 개의 서술어를 각각 붙여 문장을 만들어 보게 하면서 자연스럽게 읽히는 것을 고르게 해 주세요.

3. 뜻이 같은 말을 익히는 문제입니다. '밑'은 물체의 아래나 아래쪽을 뜻하는 말입니다. '아래'와 '밑'이 뜻이 같은 말임을 익히고, 나머지 '안, 위, 뒤' 등도 어느 위치를 가리키는 말인지 아이와 함께 확인해 주세요.

4. 문장에 어울리는 낱말을 익히는 문제입니다. 각각의 낱말을 넣어 문장을 읽어 보면서 자연스러운 표현을 고르도록 합니다. 그리고 '별로'와 '전혀'는 뒤에 부정적인 뜻을 가진 서술어와 함께 쓰인다는 점을 알려 주세요. 또한 '훨씬'은 '~보다'처럼 비교하는 말과 어울려 쓰인다는 점도 알려 주세요. 그리고 '전혀 예쁘지 않다.', '별로 멀지 않다.', '아빠는 나보다 훨씬 크다.'와 같이 그 낱말들을 넣어 문장을 만들어 보면서 뜻과 쓰임을 익히도록 해 주세요.

94-95 쪽

1. 글의 중심 글감을 파악하는 문제입니다. 이 글은 태윤이가 엄마를 도와 쓰레기를 버린 일을 쓴 생활문입니다. 재활용 쓰레기를 나누어 버린 일은 인물이 한 일이기도 하고 중심 글감이기도 합니다. 태윤이가 그냥 쓰레기를 버린 것이 아니라 종류별로 나누어서 버렸다는 점이 중요하므로 이 내용을 덧붙여 확인시켜 주세요.

2. 글의 세부 내용을 이해하는 문제입니다. 태윤이는 쓰레기를 한꺼번에 버리지 않고 종류별로 나누어 버리는 일이 귀찮다고 투덜댔습니다. 인물의 마음이 어떠하고, 그 마음이 생기게 된 까닭은 무엇인지 잘 살피며 글을 읽을 수 있도록 지도해 주세요.

3. 글의 내용을 정확하게 파악하는 문제입니다. 엄마는 쓰레기를 나누어 버리면 쓰레기를 재활용할 수 있고 쓰레기의 양을 줄일 수 있다고 하였습니다. 아이가 문제를 해결하지 못하면 글에서 엄마의 말씀을 다시 한 번 읽도록 해 주세요. 그리고 바르게 말하지 않은 사람을 찾는 문제임에 주의하도록 지도해 주세요.

4. 인물의 생각을 파악하는 문제입니다. 태윤이는 엄마의 말씀을 듣고, 쓰레기를 종류별로 나누어 버려야 하는 까닭을 알게 되었습니다. 그래서 귀찮던 마음이 사라지고, 환경을 보호한 것 같아 마음이 뿌듯해졌습니다. 글의 뒷부분에 이러한 태윤이의 생각이 나타나 있습니다. 이 글을 읽고 쓰레기를 나누어 버려야 하는 까닭을 알게 된 뒤 아이가 어떤 생각을 하였는지 함께 이야기해 보세요.

96-97 쪽

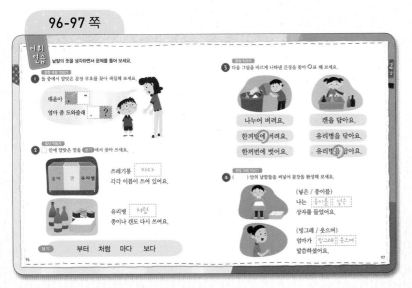

1. 문장 부호를 익히는 문제입니다. 부르는 말 뒤에는 반점(,)을, 묻는 말 뒤에는 물음표(?)를 씁니다. 큰따옴표("")는 대화 글의 시작과 끝에 쓰고, 온점(.)은 서술하는 문장의 끝에 씁니다. 엄마는 태윤이를 부르면서 도와줄 수 있는지 물어보았습니다. 아이가 문장 부호에 대해 어려워할 수 있으므로, 각 문장 부호의 쓰임을 잘 설명해 주세요.

2. 다양한 조사를 익히는 문제입니다. '마다'는 '낱낱이 모두'의 뜻을 나타내고, '처럼'은 '모양이 서로 비슷하거나 같음'을 나타내는 조사입니다. 〈보기〉의 조사들을 각각 빈칸에 넣어 문장을 읽어 보고, 자연스러운 문장을 고를 수 있도록 지도해 주세요.

3. 그림을 바르게 나타낸 문장을 찾는 문제입니다. 첫 번째 그림은 '한꺼번에'와 '버리다'라는 낱말을 사용하여, 두 번째 그림은 '유리병'과 '담다'라는 낱말을 사용하여 문장으로 표현할 수 있습니다. 오답 문장들에 해당하는 그림은 어떤 장면일지 설명하게 하거나, 그림을 보고 다른 문장으로 표현하는 활동도 아이와 함께 해 보세요.

4. 문장의 차례를 익히는 문제입니다. '종이를+넣다'가 '상자'를 꾸며 주고 '빙그레+웃다'가 '말씀하셨어요.'를 꾸며 주는 문장 구조입니다. ( ) 안의 낱말들을 순서를 달리 하여 넣고 문장을 읽어 보면 올바른 문장을 자연스럽게 찾을 수 있을 것입니다.

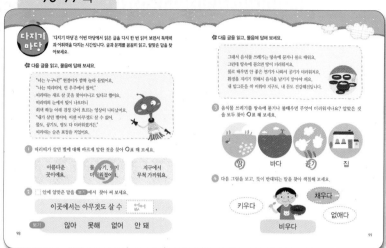

1. 글의 세부 내용을 파악하는 문제입니다. 띠리띠가 살던 별은 물도, 공기도, 땅도 다 더러워져서 아무것도 살 수 없다고 하였습니다. 글의 내용을 잘 이해하면서 문제를 풀 수 있도록 지도해 주세요.

2. 부정문을 익히는 문제입니다. '~수 없어.', '~지 않아.', '~지 못해.', '~면 안 돼.'의 형태로 부정문이 쓰입니다. 아이가 각각의 형태를 이해할 수 있도록 '먹을 수 없어, 먹지 않아, 먹지 못해, 먹으면 안 돼' 등의 구체적인 문장을 예로 들어 주세요.

3. 글의 내용을 정확하게 이해하는 문제입니다. 음식물 쓰레기를 땅속에 묻으면 땅이 더러워지고, 태우면 안 좋은 연기가 나와서 공기가 더러워진다고 하였습니다. 문제를 풀 때 글의 내용이 잘 기억나지 않으면, 글을 찬찬히 다시 한 번 읽을 수 있도록 지도해 주세요.

4. 뜻이 반대되는 말을 익히는 문제입니다. '비우다'는 '속에 있는 것을 모두 없애 비게 하다'라는 뜻입니다. '채우다'는 '가득 차게 하다'라는 뜻으로 '비우다'와 뜻이 반대됩니다. 아이가 답을 금방 찾지 못하면 '물을 쏟아 양동이를 비우다.', '양동이에 물을 가득 채우다.'와 같이 '비우다'와 '채우다'가 들어가는 문장을 예로 들어 각 낱말의 뜻을 유추할 수 있게 지도해 주세요.

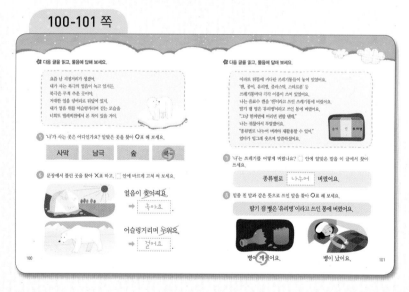

5. 글의 내용을 파악하는 문제입니다. 글에서 '내가 사는 북극'이라는 내용을 보면 편지를 쓴 글쓴이가 북극에 산다는 것을 알 수 있습니다. 아이가 정답을 찾지 못하면 글을 다시 한 번 읽어 문제를 해결할 수 있도록 지도해 주세요.

6. 문장을 바르게 고쳐 쓰는 문제입니다. 2어절의 문장에서 그림의 내용과 맞지 않는 곳을 찾도록 합니다. 문장만 보아도 어색하고 잘못된 표현을 찾을 수 있습니다. '얼음'이라는 주어에 어울리지 않는 서술어 '찢어져요'와, '어슬렁거리며'와 어울리지 않는 서술어 '누워요'를 아이 스스로 바르게 고쳐 쓸 수 있도록 지도해 주세요.

7. 글의 내용을 이해하고 적절한 낱말을 찾아 쓰는 문제입니다. '나'는 음료수 캔과 딸기 잼 병을 한꺼번에 쓰레기통에 버리지 않고 각각 다른 쓰레기통에 나누어 버렸습니다. 문제의 조건이 글에서 찾아 쓰는 것이므로 반드시 글에 나온 말인 '나누어'를 쓸 수 있도록 지도해 주세요.

8. 동음이의어를 익히는 문제입니다. 밑줄 친 '병'은 목이 길고 주둥이가 좁은 그릇을 말합니다. '병'에는 '몸에 탈이 나는 일'이라는 또 다른 뜻도 있습니다. 문장과 그림을 함께 보면 좀 더 낱말의 뜻을 확실하게 구별할 수 있으므로, 아이가 그림을 살펴보면서 문제를 해결할 수 있도록 지도해 주세요.

쓰레기를 바르게 버려요!
각각의 재활용 쓰레기통에 버려야 하는 재활용 쓰레기를 알맞게 연결해 보는 놀이예요.

집에서 재활용 쓰레기를 모아 왔어요. 재활용 쓰레기는 종류에 따라 나누어 버려야 해요. 각각의 재활용 쓰레기 통에 버려야 하는 재활용 쓰레기를 찾아 바르게 연결해 보세요.

102

이 놀이 마당은 재활용 쓰레기를 나누어 버리는 방법을 익히는 활동입니다.

사람들이 생활하면서 만들어 내는 각종 쓰레기는 환경을 오염시킵니다. 그러므로 쓰레기의 양을 줄이고 재활용하는 일은 매우 중요합니다.
재활용할 수 있는 쓰레기들은 종류별로 나누어 버려야 합니다. 대개 종이류, 플라스틱류, 병류, 캔류, 스티로폼류 등으로 나눕니다. 그런데 사람들이 올바른 방법으로 재활용 쓰레기를 나누어 버리지 않아 쓰레기를 재활용하는 데 어려움을 겪고 있다고 합니다.
쓰레기를 분류 배출하는 방법은 다음과 같습니다.

- **종이류**: 잘 펴서 차곡차곡 모아 묶어 부피를 줄입니다. 물에 젖은 종이는 섞지 않습니다.
- **플라스틱류**: 내용물을 비우고 상표 및 비닐 포장을 없앱니다.
- **스티로폼류**: 깨끗하게 씻어 말립니다.
- **유리병류**: 뚜껑을 없애고 속을 깨끗하게 씻어 말립니다.
- **캔류**: 캔 속을 비우고 납작하게 찌그러트려 부피를 줄입니다.

놀이 마당에서 각각의 쓰레기통에 알맞은 쓰레기를 연결하려면, 재활용 쓰레기들이 각각 어떤 종류인지를 알아야 합니다. 아이와 놀이 활동을 하면서 재활용 쓰레기의 종류를 자연스럽게 알려 주세요. 그리고 실제로 아이와 함께 재활용 쓰레기를 나누어 버려 보세요. 이를 통해 재활용 쓰레기들의 종류를 확실히 알고, 재활용 쓰레기를 버리는 올바른 방법도 배울 수 있답니다.

메모